Max Lucado
Wenn Gott dein Leben verändert

Max Lucado

Wenn Gott dein Leben verändert

SCM Hänssler

SCM
Stiftung Christliche Medien

2. Auflage 2009
Bestell-Nr. 394.919
ISBN 978-3-7751-4919-8

Überarbeitete Nachauflage in neuer Rechtschreibung.
Dieses Buch erschien zuvor mit der ISBN 978-3-7751-3602-0.

© Copyright der Originalausgabe 1998 by Max Lucado
Published in Dallas, Texas by Word Publishing. Word Publishing is a
trademark of Thomas Nelson, Inc. in Nashville, Tennessee, USA
Originally published in English under the title: Just like Jesus
All Rights Reserved. This Licensed Work published under license.

© Copyright der deutschen Ausgabe 2000 und 2009 by
SCM Hänssler im SCM-Verlag GmbH & Co. KG · 71088 Holzgerlingen
Internet: www.scm-haenssler.de
E-Mail: info@scm-haenssler.de
Übersetzung: Herta Martinache
Umschlaggestaltung: OHA Werbeagentur GmbH, Grabs, Schweiz;
www.oha-werbeagentur.ch
Titelbild: shutterstock.com
Satz: typoscript GmbH, Kirchentellinsfurt
Druck und Bindung: CPI – Ebner & Spiegel, Ulm
Printed in Germany

Soweit nicht anders angegeben, sind die Bibelverse folgender Ausgabe
entnommen:
Neues Leben. Die Bibel, © Copyright der deutschen Ausgabe 2002 und
2006 by SCM Hänssler, D-71087 Holzgerlingen.
Weiter wurden verwendet:
Luther = Lutherbibel, revidierter Text 1984, durchgesehene Ausgabe in
neuer Rechtschreibung, © 1999 Deutsche Bibelgesellschaft, Stuttgart.
Elb = Elberfelder Bibel 2006, © 2006 by SCM R.Brockhaus im
SCM-Verlag GmbH & Co. KG · Bodenborn 43 · 58452 Witten.

Den Mitarbeitern der *Oak Hills Church of Christ* gewidmet.

Gott ist nicht ungerecht.
Er wird nicht vergessen, wie ihr für ihn gearbeitet und
eure Liebe zu ihm bewiesen habt und
weiter beweist durch eure Fürsorge für andere,
die auch zu Gott gehören.

Hebräer 6,10

*Gott liebt Sie so, wie Sie sind,
aber er will Sie auf keinen Fall so lassen,
wie Sie sind.
Er möchte, dass Sie so werden wie Jesus!*

Inhalt

Lieber Freund 11

1. Ein Herz wie seines 15

2. Die Menschen lieben, die einem lästig sind –
   Ein vergebendes Herz 25

3. Die Berührung Gottes –
   Ein mitfühlendes Herz 37

4. Gottes Musik hören –
   Ein hörendes Herz 49

5. Geführt von einer unsichtbaren Hand –
   Ein von Gott berauschtes Herz 63

6. Ein anderes Gesicht und ein Paar Flügel –
   Ein anbetendes Herz 77

7. Golfspiele und Selleriestengel –
   Ein Herz, das auf ein Ziel ausgerichtet ist 87

8. Nichts als die Wahrheit –
   Ein ehrliches Herz 99

9. Das Treibhaus der Gedanken –
   Ein reines Herz 109

10. Gold im Müll finden –
    Ein hoffnungsvolles Herz 119

11. Wenn der Himmel feiert –
    Ein freudiges Herz 131

12. Stark bleiben bis zum Schluss –
    Ein Herz, das durchhält 141

Schluss: Aufsehen zu Jesus 151

Arbeitsanleitung 159

Anmerkungen 199

Lieber Freund

Mein Arbeitszimmer hat sich verändert. Noch vor wenigen Monaten waren die Wände weiß. Jetzt sind sie grün. Früher hingen Vorhänge an den Fenstern, heute wird das grelle Licht durch Jalousien gedämpft. Vorher stand mein Stuhl auf einem braunen Teppich, jetzt erstrahlt der Boden in Weiß. Ehrlich gesagt, ich hatte nichts gegen den braunen Teppich. Ich fand ihn recht hübsch. Auch gegen die weißen Wände und die Vorhänge hatte ich nichts einzuwenden. Für mich war das Zimmer in Ordnung.

Aber nicht für meine Frau. Denalyn gestaltet mit Vergnügen Wohnungen um. Oder besser gesagt, sie *kann gar nicht anders,* als Wohnungen umgestalten. Sie ist genauso wenig imstande, ein Haus unverändert zu lassen, wie ein Künstler es fertigbringt, eine Leinwand zu übersehen.

Glücklicherweise beschränkt sie ihre Neugestaltungen auf das, was wir unser Eigen nennen. Sie hat noch nie die Möbel in einem Hotelzimmer verrückt oder die Bilder in der Wohnung von Freunden umgehängt. (Auch wenn es ihr manchmal in den Fingern kribbelte.) Sie gestaltet nur das um, was wir besitzen. Aber eines ist sicher: Was wir besitzen, wird umgestaltet. Denalyn genügt es nicht, ein Haus zu besitzen; sie muss das Haus verändern.

Mir persönlich genügt es, das Haus zu besitzen. Mein Geschmack ist, sagen wir, weniger anspruchsvoll. Für mich zählt, dass ein Stuhl und ein Kühlschrank seine Funktion erfüllen, die Raumgestaltung ist nebensächlich. Für mich liegt die Herkulesarbeit im Kauf des Hauses. Wenn das Geschäft abgeschlossen und das Haus gekauft ist, will ich einziehen und mich entspannen.

Doch nicht Denalyn. Die Tinte auf der Kaufurkunde ist noch nicht getrocknet, und schon fängt sie mit der Neugestaltung des Hauses an. Ich frage mich, ob sie das von ihrem Vater, ihrem himmlischen Vater, geerbt hat. Sehen Sie, Denalyn betrachtet ein Haus so, wie Gott ein Leben betrachtet.

Gott gestaltet mit Vergnügen Herzen um. Er *kann gar nicht anders*, als Herzen umgestalten. Wenn er lange genug in einem Herzen wohnt, dann beginnt das Herz, sich zu verändern. Bilder von Verletzungen werden durch ausgedehnte Darstellungen der Gnade ersetzt. Mauern des Zorns werden abgerissen und wackelige Fundamente repariert. Gott ist genauso wenig imstande, ein Leben unverändert zu lassen, wie eine Mutter es fertigbringt, die Tränen ihres Kindes unbeachtet zu lassen.

Ihm genügt es nicht, Sie sein Eigen zu nennen; er will Sie verändern. Wo wir uns mit einem Sessel und einem Kühlschrank begnügen würden, gibt er sich mit nichts Geringerem als einem Palast als Wohnung zufrieden. Schließlich handelt es sich um sein Haus. Keine Ausgaben werden gescheut. Keine Winkel werden ausgespart. »Ich bete, dass ihr erkennen könnt, wie übermächtig groß seine Kraft ist, mit der er in uns, die wir an ihn glauben, wirkt« (Eph 1,19).

Das ist vielleicht die Erklärung für manches Unangenehme in Ihrem Leben. Die Neugestaltung eines Herzens ist nicht immer erfreulich. Wir haben nichts dagegen, wenn der Zimmermann ein paar Regale einbaut, doch bisweilen reißt er einen ganzen Gebäudeteil nieder. Er hat so hohe Absichten mit Ihnen. Gott hat eine vollständige Restaurierung im Auge. Er hört nicht auf, solange er nicht fertig ist. Und er ist nicht fertig, solange wir nicht »seinem Sohn gleich« sind (Röm 8,29).

Ihr Schöpfer gestaltet Sie in das Ebenbild Christi um. Er will, dass Sie wie Jesus werden. Das ist der Wunsch Gottes und das Thema dieses Buches.

Bevor wir weitergehen, möchte ich kurz einhalten und Ihnen danken. Es ist mir eine große Ehre, dass ich mit Ihnen ein Weilchen verbringen darf, und ich möchte, dass Sie wissen, wie dankbar ich für diese Gelegenheit bin. Ich bete für Sie alle, die Sie diese Zeilen lesen, dass Gott Ihre Augen öffnet, sodass Sie Jesus sehen – und erkennen, wenn Sie Jesus sehen, wie Sie werden sollen.

Ich möchte Ihnen auch einige der Menschen vorstellen, die dieses Buch ermöglicht haben. Besonders danken möchte ich an dieser Stelle:

Liz Heaney und Karen Hill – nur wenige Herausgeber korrigieren mit so viel Fachwissen und Einfühlungsvermögen. Noch einmal herzlichen Dank für diese weitere Meisterleistung. Steve und Cheryl Green – allein schon eure Nähe erleichtert meine Arbeit. Danke für alles, was ihr tut.

Der wunderbaren Familie der Christen von *Oak Hills* – obwohl ihr bei der Auswahl eures Pastors vielleicht einen zweifelhaften Geschmack habt, wird die Liebe, die ihr ihm erweist, hoch geachtet. Jetzt arbeiten wir schon seit zehn Jahren zusammen. Möge uns Gott noch lange gemeinsame Jahre schenken.

Scott Simpson – welch glückliche Fügung! Der Zeitplan war für uns beide perfekt. Danke für die guten Ideen.

Den fachkundigen Mitarbeitern von *Word Publishing* – in Zeiten ständigen Wandels bleibt ihr zuverlässig. Es ist mir eine Ehre, mit euch zusammenarbeiten zu dürfen.

Meinen Töchtern Jenna, Andrea und Sara – falls im Himmel drei Engel fehlen, weiß ich, wo sie sind.

Kathy, Karl und Kelly Jordon – die Fertigstellung dieses Buches fiel mit dem Heimgang von Kip, eurem Ehepartner bzw. Vater zusammen. Er fehlt uns sehr. Er war eine herausragende Persönlichkeit im Verlagsgeschäft. Für ihn gibt es keinen Ersatz, und wir werden ihn immer im Gedächtnis behalten.

Und am allermeisten Denalyn – was du mit unserem Haus getan hast, ist nichts im Vergleich zu dem, was du in meinem Herzen zu Wege gebracht hast. Gestalte so viel um, wie du willst, mein Schatz.

Kapitel 1

Ein Herz wie seines

Angenommen Jesus tritt für einen Tag an Ihre Stelle! Er wacht in Ihrem Bett auf, schlüpft in Ihre Schuhe, wohnt in Ihrem Haus, übernimmt Ihren Terminkalender. Ihr Chef wird sein Chef, Ihre Mutter wird seine Mutter, Ihre Schmerzen werden seine Schmerzen! Mit einer Ausnahme ändert sich nichts in Ihrem Leben. Ihre Gesundheit ändert sich nicht. Die Umstände ändern sich nicht. Ihr Terminkalender bleibt gleich. Ihre Probleme sind nicht gelöst. Nur eine einzige Änderung tritt ein.

Angenommen für einen Tag und eine Nacht führt Jesus Ihr Leben mit seinem Herzen. Ihr Herz bekommt einen Tag frei, und Ihr Leben wird vom Herz Christi geführt. Seine Prioritäten bestimmen, was Sie tun. Ihre Entscheidungen werden von seinen Wünschen geprägt. Seine Liebe lenkt Ihr Verhalten.

Was für ein Mensch wären Sie dann? Würden die anderen eine Veränderung feststellen? Ihre Familie – würde sie etwas Neues bemerken? Würden Ihre Arbeitskollegen einen Unterschied wahrnehmen? Und die weniger vom Glück Begünstigten? Würden Sie sie gleich behandeln? Ihre Freunde? Würden sie mehr Freude entdecken? Und Ihre Feinde? Würden sie vom Herzen Christi mehr Barmherzigkeit erfahren als von Ihrem?

Und Sie? Wie würden Sie sich fühlen? Hätte diese Veränderung Auswirkungen auf Ihren Stresspegel? Ihre Stimmungsschwankungen? Ihre Laune? Würden Sie besser schlafen? Würden Sie eine andere Einstellung zu einem Sonnenuntergang bekommen? Zum Tod? Zu den Steuern? Bräuchten Sie möglicherweise weniger Aspirin oder Beruhigungsmittel? Und wie würden Sie auf Verkehrsstockungen reagieren? (Oh, damit traf ich einen wunden Punkt.) Wäre Ihnen immer noch vor denselben Dingen bange? Oder besser gesagt, würden Sie immer noch das tun, was Sie im Moment tun?

Würden Sie immer noch das tun, was Sie sich für die nächsten vierundzwanzig Stunden vorgenommen haben? Halten Sie kurz inne und überdenken Sie Ihren Terminkalender. Verpflichtungen. Verabredungen. Fahrten. Termine. Würde sich etwas ändern, wenn Jesus Ihr Herz übernähme?

Befassen Sie sich mit diesen Fragen. Stellen Sie sich bildhaft vor, wie Jesus Ihr Leben führt. Dann werden Sie erkennen, was Gott will. Gott will, dass sie so denken und handeln wie Jesus Christus (Phil 2,5).

Gottes Plan für Sie ist nichts Geringeres als ein neues Herz. Wenn Sie ein Auto wären, würde Gott die Herrschaft über Ihren Motor fordern. Wenn Sie ein Computer wären, würde er Anspruch auf die Software und das Betriebssystem stellen. Wenn Sie ein Flugzeug wären, würde er auf dem Pilotensitz Platz nehmen. Aber Sie sind ein Mensch, und deshalb möchte Gott Ihr Herz verändern.

»Lasst euch stattdessen einen neuen Geist und ein verändertes Denken geben. Als neue Menschen, geschaffen nach dem Ebenbild Gottes und zur Gerechtigkeit, Heiligkeit und Wahrheit berufen, sollt ihr auch ein neues Wesen annehmen« (Eph 4,23-24). Gott möchte, dass Sie so wie Jesus sind. Er möchte, dass Sie ein Herz wie er haben.

Jetzt werde ich etwas riskieren. Es ist gefährlich, große Wahrheiten in einer kurzen Aussage zusammenzufassen, aber ich werde es versuchen. Wenn es möglich wäre, Gottes Wunsch für einen jeden von uns in ein oder zwei Sätzen auszudrücken, könnte man vielleicht so sagen:

Gott liebt Sie so, wie Sie sind, aber er will Sie nicht so lassen, wie Sie sind. Er will, dass Sie werden wie Jesus.

Gott liebt Sie so, wie Sie sind. Wenn Sie meinen, er würde Sie mehr lieben, wenn Ihr Glaube stärker wäre, dann irren Sie sich. Wenn Sie meinen, seine Liebe wäre tiefer, wenn Ihre Gedanken tiefgründiger wären, irren Sie sich ebenfalls. Verwechseln Sie Gottes Liebe nicht mit menschlicher Liebe. Die Liebe von

Menschen wird oft je nach Leistung größer und verringert sich bei Fehlern – Gottes Liebe nicht. Er liebt Sie in Ihrer derzeitigen Verfassung. Um den Lieblingsautor meiner Frau zu zitieren:

> Gottes Liebe hört nie auf. Nie. Selbst wenn wir ihn verschmähen, keine Notiz von ihm nehmen, ihn ablehnen, verachten und ihm nicht gehorchen. Er ändert sich nicht. Unsere Schandtaten können seine Liebe nicht schmälern. Unsere Ehrenhaftigkeit kann seine Liebe nicht größer machen. Unser Glaube verdient sie genauso wenig, wie unsere Dummheit sie infrage stellen kann. Gott liebt uns nicht weniger, wenn wir versagen, und nicht mehr, wenn wir erfolgreich sind. Gottes Liebe hört niemals auf.[1]

Gott liebt Sie so, wie Sie sind, aber er will Sie nicht so lassen, wie Sie sind.

Als meine Tochter Jenna klein war, ging ich oft mit ihr in den Park in der Nähe unserer Wohnung. Eines Tages, als sie im Sandkasten spielte, kam ein Eisverkäufer vorbei. Ich kaufte ihr ein Eis und wollte es ihr geben. Da sah ich, dass ihr Mund voller Sand war. Liebte ich sie mit dem Sand im Mund? Ganz bestimmt. War sie mit dem Sand im Mund weniger meine Tochter? Natürlich nicht. Würde ich zulassen, dass sie den Sand im Mund behält? Keinesfalls. Ich liebte sie in ihrer derzeitigen Verfassung, aber ich wollte sie nicht in diesem Zustand lassen. Ich trug sie zum Wasserbrunnen und wusch ihren Mund aus. Warum? Weil ich sie liebe.

Gott tut das Gleiche für uns. Er hält uns über den Wasserbrunnen. »Spuck den Dreck aus«, bittet unser Vater eindringlich. »Ich habe etwas Besseres für dich.« Und so reinigt er uns vom Schmutz: von Unsittlichkeit, Unehrlichkeit, von Vorurteilen, Bitterkeit, Habsucht. Am Reinigungsvorgang finden wir kaum Gefallen; manchmal entscheiden wir uns sogar für den Dreck und gegen das Eis. »Ich kann Dreck essen, wenn ich will!«, verkünden wir aufmüpfig. Das stimmt. Aber wir schneiden uns dabei ins eigene Fleisch. Gott hat ein besseres Angebot. Er will, dass wir so sind wie Jesus.

Ist das keine gute Nachricht? <u>Sie sind nicht auf Ihr derzeitiges Wesen festgenagelt.</u> Sie sind nicht zur Übellaunigkeit verurteilt. <u>Sie sind veränderbar.</u> Sogar wenn bisher kein Tag in Ihrem Leben vergangen ist, an dem Sie sich keine Sorgen gemacht haben, müssen Sie sich für den Rest Ihres Lebens nicht abhärmen. Und wenn Sie als Heuchler geboren wurden, brauchen Sie nicht als solcher zu sterben.

Wie kamen wir auf den Gedanken, dass wir uns nicht ändern können? Woher kommen Aussagen wie: »Es liegt in meinem Wesen, dass ich mir Sorgen mache«, oder: »Ich werde immer ein Pessimist sein. So bin ich einfach«, oder: »Ich wurde ärgerlich. Ich kann nichts dafür, dass ich so reagiere«? Wer sagt das? Würden wir ähnliche Aussagen über unseren Körper machen? »Es liegt in meinem Wesen, dass ich ein gebrochenes Bein habe. Ich kann es nicht ändern.« Natürlich nicht. Wenn unser Körper schlecht funktioniert, suchen wir Hilfe. Sollten wir das nicht auch mit unserem Herzen tun? Sollten wir nicht Hilfe für unsere griesgrämige Wesensart suchen? Können wir für unser ichsüchtiges Reden keine Behandlung suchen? Natürlich können wir das. Jesus kann unser Herz verändern. Er will, dass wir ein Herz wie er haben.

Können Sie sich ein besseres Angebot vorstellen?

Das Herz Christi

Das Herz Jesu war rein. Der Herr wurde von Tausenden verehrt und begnügte sich doch mit einem einfachen Leben. Er wurde von Frauen versorgt (Lk 8,1-3), doch nie wurde er anstößiger Gedanken beschuldigt. Von seinen eigenen Geschöpfen verachtet war er bereit, ihnen zu vergeben, noch bevor sie ihn um Barmherzigkeit baten. Petrus, der dreieinhalb Jahre lang mit Jesus unterwegs war, beschrieb ihn als »rein und ohne Sünde« (1. Petr 1,19). Johannes, der genauso viel Zeit mit Jesus verbrachte, kam zu dem Schluss: »er ist ohne Sünde« (1. Joh 3,5).

Das Herz Jesu war ruhig. Die Jünger regten sich auf, weil Tausende mit Nahrung zu versorgen waren, doch Jesus blieb ruhig. Er dankte Gott für das Problem. Die Jünger schrien vor Angst im Sturm, aber Jesus blieb ruhig. Er schlief trotz des Unwetters. Petrus zog das Schwert, um gegen die Soldaten zu kämpfen, doch Jesus blieb gefasst. Er erhob die Hand zum Heilen. Sein Herz war ruhig. Schmollte er und ging heim, als seine Jünger ihn verließen? Wurde er wütend, als Petrus ihn verleugnete? Schnaubte er Rache, als ihm die Soldaten ins Gesicht spuckten? Weit gefehlt. Er blieb ruhig. Er vergab ihnen. Er ließ sich nicht von Rachsucht leiten.

Er ließ sich von nichts leiten, außer von seiner hohen Berufung. Er handelte zielbewusst. Die meisten Menschen haben kein bestimmtes Ziel im Leben. Jesus strebte ein einziges Ziel an: Menschen aus der Sünde zu retten. Er konnte sein Leben in einem Satz zusammenfassen: »Der Menschensohn ist gekommen, um Verlorene zu suchen und zu retten« (Lk 19,10). Jesus war so sehr auf seine Aufgabe ausgerichtet, dass er wusste, wann er zu sagen hatte: »Meine Zeit ist noch nicht gekommen« (Joh 2,4) und wann er sagen konnte: »Es ist vollbracht« (Joh 19,30). Aber er war nicht so sehr auf seine Aufgabe ausgerichtet, dass er unfreundlich wurde.

Ganz im Gegenteil. Wie freundlich waren seine Gedanken! Kinder konnten Jesus nicht widerstehen. Er konnte Schönheit in Lilien, Freude am Gottesdienst und Möglichkeiten bei Problemen entdecken. Er konnte ganze Tage mit Scharen kranker Menschen verbringen und immer noch Mitleid mit ihnen empfinden. Drei Jahrzehnte lang watete er durch den Sumpf und Morast unserer Sünde und sah noch genug Schönheit in uns, um für unsere Fehler zu sterben.

Doch das krönende Merkmal Jesu war Folgendes: Sein Herz war geistlich. Seine Gedanken waren von der engen Beziehung zum Vater geprägt: »Glaubt doch, dass ich im Vater bin und der Vater in mir ist«, erklärte er (Joh 14,11). Seine erste aufgezeichnete Predigt beginnt mit den Worten: »Der Geist des Herrn ruht auf mir« (Lk 4,18). Er wurde »vom Geist... geführt« (Mt 4,1) und war »vom Heiligen Geiste erfüllt« (Lk 4,1). Aus der Wüste kam er »von der Kraft des Heiligen Geistes erfüllt« zurück (Lk 4,14).

Jesus holte sich seine Anweisungen von Gott. Es war seine Gewohnheit, in den Gottesdienst zu gehen (Lk 4,16). Er lernte Bibelstellen auswendig (Lk 4,4). Lukas schreibt: »Jesus zog sich jedoch immer wieder zum Gebet in die Wüste zurück« (Lk 5,16). Er wurde von seinen Gebetszeiten geleitet. Einmal kam er vom Gebet zurück und kündigte an, dass es Zeit sei, in eine andere Stadt zu ziehen (Mk 1,38). Eine andere Gebetszeit führte zur Berufung der Jünger (Lk 6,12-13). Jesus wurde von einer unsichtbaren Hand geleitet. »Der Sohn tut nur, was er den Vater tun sieht« (Joh 5,19). Im selben Kapitel sagte Jesus: »Doch ich tue nichts, ohne den Vater zu fragen, sondern richte, wie er mir rät« (Joh 5,30). Das Herz Jesu war geistlich.

Das menschliche Herz

Unser Herz scheint so ganz anders zu sein als seines. Er ist rein; wir sind habsüchtig. Er ist ruhig; wir sind gereizt. Er ist zielbewusst; wir sind zerstreut. Er ist freundlich; wir sind launisch. Er ist geistlich; wir hängen an irdischen Dingen. Der Abstand zwischen unserem und seinem Herzen scheint riesig zu sein. Wie können wir jemals hoffen, das Herz Jesu zu haben?

Machen Sie sich jetzt auf eine Überraschung gefasst! Sie haben bereits das Herz Christi. Ja, wenn Sie in Christus sind, haben Sie bereits das Herz Christi. Eine der höchsten, doch unbekannten Verheißungen Gottes lautet schlicht und einfach: Wenn Sie Ihr Leben Jesus hingegeben haben, hat Jesus sich Ihnen hingegeben. Er ist eingezogen, hat seine Koffer ausgepackt und ist bereit, Sie »immer stärker in seine Herrlichkeit« (2. Kor 3,18) zu verwandeln. Paulus erklärt das mit folgenden Worten: »Das ist der Geist, den wir empfangen haben: der Geist von Christus, dem Herrn.«

Wenn ich die Gesinnung Jesu habe, warum denke ich noch so oft menschlich? Wenn ich das Herz Christi habe, warum habe ich immer noch die Voreingenommenheit von Max Lucado? Wenn Jesus in mir wohnt, warum bin ich immer noch über Verkehrsstockungen erbost?

Ein Teil der Antwort wird in einer Geschichte über eine Dame veranschaulicht, die vor etwa hundert Jahren in einem kleinen Haus an der Küste Irlands lebte. Sie war ziemlich wohlhabend, aber recht genügsam. Die Leute waren erstaunt, als sie beschloss, unter den Ersten zu sein, die ihr Haus mit elektrischem Strom versorgen ließen.

Einige Wochen nach der Installation kam der Angestellte vorbei, der die Zähler ablas. Er fragte sie, ob ihre elektrische Anlage auch gut funktionierte, und sie versicherte ihm, dass alles in Ordnung sei. »Können Sie mir dann erklären, warum Ihr Zähler fast keinen Verbrauch aufweist?«, fragte er. »Benützen Sie den Strom überhaupt?«

»Sicher«, erwiderte sie. »Jeden Abend, wenn die Sonne untergeht, schalte ich das Licht gerade so lange an, wie ich brauche, um meine Kerzen anzuzünden; dann schalte ich es wieder aus.«[2]

Sie hatte Strom, benutzte ihn aber nicht. Ihr Haus war angeschlossen, aber nicht verändert. Machen wir nicht den gleichen Fehler? Auch wir – mit geretteter Seele, aber unverändertem Herzen – sind angeschlossen, aber nicht verändert. Wir nehmen die Erlösung durch Christus in Anspruch, aber widersetzen uns der Umwandlung. Gelegentlich betätigen wir kurz den Schalter, aber die meiste Zeit begnügen wir uns mit Halbdunkel.

Was würde geschehen, wenn wir das Licht anließen? Was würde geschehen, wenn wir den Schalter nicht nur kurz betätigten, sondern im Licht lebten? Welche Veränderungen würden eintreten, wenn wir uns daran machten, im strahlenden Lichtstrom Jesu zu wohnen?

Es besteht kein Zweifel daran: Gott hat ehrgeizige Pläne mit uns. Der, der Ihre Seele erlöste, sehnt sich danach, Ihr Herz umzugestalten. Sein Plan bedeutet nichts Geringeres als eine völlige Umwandlung: »Denn Gott hat sie schon vor Beginn der Zeit auserwählt und hat sie vorbestimmt, seinem Sohn gleich zu werden, damit sein Sohn der Erstgeborene unter vielen Geschwistern werde (Röm 8,29).

Ihr seid »neue Menschen geworden, die ständig erneuert werden. Dies geschieht, indem ihr Christus immer ähnlicher werdet, so wie Gott es sich erdacht hat« (Kol 3,10).

Gott ist bereit, uns in das Ebenbild Christi zu verwandeln. Nehmen wir sein Angebot an? Hier mein Vorschlag. Stellen wir uns vor, was es bedeutet, wie Jesus zu sein. Betrachten wir ausgiebig das Herz Christi. Befassen wir uns in mehreren Kapiteln mit seinem Mitgefühl und seiner engen Beziehung zum Vater, seinem bewundernswerten Scharfsinn und seinem Leiden. Wie vergab er? Wann betete er? Was machte ihn so freundlich? Warum gab er nicht auf? Lasst uns »unsere Augen auf Jesus richten« (Hebr 12,2). Wenn wir ihn sehen, erkennen wir vielleicht, was wir werden können.

*Seid nachsichtig mit den Fehlern der
anderen und vergebt denen,
die euch gekränkt haben.
Vergesst nicht, dass der Herr euch
vergeben hat und dass ihr deshalb
auch anderen vergeben müsst.*

Kolosser 3,13

Kapitel 2

Die Menschen lieben, die einem lästig sind

Ein vergebendes Herz

Mein erstes Haustier hatte ich zu Weihnachten bekommen. Irgendwo habe ich noch ein Foto von einem braun-weißen chinesischen Mops, so klein, dass er Platz in der Hand meines Vaters fand, und so putzig, dass er mein acht Jahre altes Herz gewann. Es war ein Hundemädchen, und wir nannten sie Liz.

Ich trug sie den ganzen Tag herum. Ich war von ihren Schlappohren und ihrer platten Nase fasziniert. Ich nahm sie sogar mit ins Bett. Was machte es schon aus, wenn sie wie ein Hund roch? Ich war von ihrem Geruch entzückt. Was machte es schon aus, wenn sie wimmerte und winselte. Ich war von diesen Lauten begeistert. Was machte es schon aus, wenn sie ihr Geschäft auf meinem Kissen verrichtete? Ich kann nicht sagen, dass ich davon entzückt war, aber es machte mir nichts aus.

Mama und Papa hatten zuvor klar und deutlich erklärt, dass ich für Liz zu sorgen hatte, und ich willigte freudig ein. Ich säuberte ihren kleinen Fressnapf und öffnete ihre Dose mit Hundefutter. Kaum hatte sie etwas Wasser geschlürft, füllte ich es wieder auf. Regelmäßig bürstete ich ihr Fell und freute mich, wenn sie mit dem Schwanz wedelte.

Nach einiger Zeit jedoch änderten sich meine Gefühle. Liz war immer noch mein Hund, und ich war immer noch ihr Freund, aber ihr Bellen ging mir etwas auf die Nerven, und sie schien schrecklich oft Hunger zu haben. Immer öfter mussten meine Eltern mich daran erinnern: »Kümmere dich um sie. Sie ist dein Hund.«

Ich hörte diese Worte nicht gerne – *dein Hund*. Ausdrücke wie »Der Hund, mit dem du spielen kannst« oder »dein Hund, wenn du ihn willst« oder sogar »dein Hund, wenn er sich gut benimmt« hätten mir weniger ausgemacht. Aber das sagten meine Eltern nicht. Sie sagten: »Liz ist *dein Hund*.« Punkt. Bei Krankheit und Gesundheit. In Reichtum und in Armut. Trocken und nass.

Dann kam mir der Gedanke: *Ich habe Liz »auf dem Hals«*. Die Zeit der Verliebtheit war vergangen, die Flitterwochen waren vorüber. Wir waren einander gefesselt. Liz war kein Vergnügen mehr, sondern eine Pflicht, eine regelmäßig zu verrichtende Aufgabe, nicht mehr jemand, mit dem ich spielen konnte, sondern jemand, für den ich zu sorgen hatte.

Vielleicht erkennen Sie hier einen Bezug zu sich selbst. Möglicherweise wissen Sie aus Erfahrung, wie einengend eine Verpflichtung sein kann. Nur anstatt daran erinnert zu werden: »Es ist dein Hund.«, hören Sie vielleicht: »Er ist dein Mann.« Oder: »Sie ist deine Frau.« Oder: »Es ist dein Kind, dein Vater, deine Mutter, dein Angestellter oder Chef oder Zimmerkollege« oder irgendeine andere Beziehung, in der Loyalität lebensnotwendig ist.

Ein solch immerwährender Zustand kann Panik hervorrufen – bei mir zumindest geschah das. Ich musste einige heikle Fragen beantworten. Kann ich dasselbe plattnasige, haarige, hungrige Gesicht jeden Morgen ertragen? (Ihr Ehefrauen kennt dieses Gefühl?) Werde ich jeden Tag bis zu meinem Lebensende angebellt? (Kommt das manchen Kindern bekannt vor?) Wird sie es nie lernen, ihr Zimmer aufzuräumen? (Hörte ich ein »Amen« von einigen Eltern?)

»Reinfallitis«

Es gibt ein Wort für diesen Zustand ... für diese weitverbreitete Krankheit: *Reinfallitis*. (*Reinfallen* bedeutet, dass man »in eine Falle« gegangen ist; -itis kann man an jedes Wort anhängen, damit es wissenschaftlich klingt. Lesen Sie es laut: *Reinfallitis*.) Im *Handbuch für Medizinische Ausdrücke von Max* kann man über diesen Zustand Folgendes nachlesen:

> Anfälle von *Reinfallitis* gibt es nur bei Menschen; sie treten normalerweise zwischen Geburt und Tod auf. *Reinfallitis* äußert sich in Reizbarkeit, schnellem Aufbrausen und dem Aufbauschen geringfügiger Begebenheiten. Ein allgemein bekanntes Symptom von *Reinfallitis*-Patienten ist die Wiederholung von Fragen, die mit dem Wörtchen *Wer*, *Was* und *Warum* beginnen. *Wer* ist diese Person? *Was* dachte ich mir dabei? *Warum* habe ich nicht auf meine Mutter gehört?[3]

Dieses Handbuch zeigt drei Reaktionsweisen auf Reinfallitis auf: Flucht, Kampf oder Vergebung. Einige entscheiden sich für die Flucht: Sie brechen aus der Beziehung aus, beginnen anderswo von Neuem, und sind oft erstaunt, wenn dieser Zustand auch dort in Erscheinung tritt. Andere kämpfen. Wohnungen werden zu Kampfzonen und Büros zu Boxringen, und Spannung wird zum Lebensstil. Einige wenige entdecken jedoch eine andere Therapie: Vergebung. Mein Handbuch zeigt nicht auf, wie Vergebung geschieht, aber die Bibel gibt Anleitung dazu.

Jesus selbst kannte das Gefühl, für andere verantwortlich zu sein. Dreieinhalb Jahre lang arbeitete er mit demselben Team zusammen. Im Großen und Ganzen sah er dieselben zwölf Gesichter um den Tisch, ums Lagerfeuer, rund um die Uhr. Sie fuhren im selben Schiff, wanderten auf denselben Straßen und besuchten dieselben Häuser, und ich frage mich, wie Jesus seinen Männern so treu bleiben konnte. Er musste sich nicht nur mit ihren offensichtlichen Eigenheiten abfinden, sondern auch ihre unsichtbaren Schwächen ertragen. Denken Sie einmal darüber nach. Er konnte ihre unausgesprochenen Gedanken lesen. Er kannte ihre geheimsten Zweifel. Nicht nur das, er kannte auch ihre zukünftigen Zweifel. Was wäre, wenn Sie von jedem Fehler wüssten, den die Menschen, die Sie lieben, jemals gemacht haben, und auch jeden Fehler, den sie in Zukunft erst begehen werden? Was geschähe, wenn Sie alles wüssten, was Ihre Nächsten über Sie denken, jede Verärgerung, jede Abneigung, jeden Treuebruch?

Fiel es Jesus schwer, Petrus zu lieben, wo er doch wusste, dass Petrus ihn eines Tages verleugnen würde? Machte es ihm Mühe, Thomas zu vertrauen, wo er doch wusste, dass Thomas eines Tages die Auferstehung Jesu infrage stellen würde? Wie hat er dem Verlangen widerstanden, einen neuen Trupp Gefolgsmänner einzuberufen? Johannes wollte einen einzigen Feind ausschalten. Petrus hieb das Ohr eines anderen ab. Nur Tage vor Jesu Tod stritten sich seine Jünger darum, wer der Beste von ihnen sei! Wie war er fähig, Menschen zu lieben, die gar nicht liebenswürdig waren?

Nur wenige Situationen rufen eine solche Panik hervor, wie die, in einer Beziehung gefangen zu sein. Es ist eine Sache, für einen jungen Hund sorgen zu müssen, aber es ist etwas ganz anderes, sich in einer Ehe wie in einem Kerker gefangen zu fühlen. Wir schmunzeln vielleicht über komische Ausdrücke wie *Reinfallitis*, aber für viele ist dies nicht zum Lachen. Wenn wir deshalb herausfinden wollen, was es bedeutet, wie Jesus zu sein, sollten wir uns meiner Meinung nach zunächst mit seinem zur Vergebung bereiten Herzen beschäftigen. Wie war Jesus fähig, seine Jünger zu lieben? Die Antwort finden wir im dreizehnten Kapitel des Johannesevangeliums.

Mit Handtuch und Waschschüssel

Jesus beugte oft die Knie, aber wirklich einzigartig finde ich, dass er sich vor seine Jünger hinkniete und ihnen die Füße wusch.

Es war kurz vor dem Passahfest. Jesus wusste, dass für ihn die Zeit gekommen war, diese Welt zu verlassen und zum Vater zu gehen. Er hatte die Menschen in der Welt, die zu ihm gehörten, immer geliebt, doch jetzt zeigte er ihnen das volle Maß seiner Liebe.

Es war Zeit für das Abendessen, und der Teufel hatte Judas, den Sohn des Simon Iskariot, schon dazu verleitet, seinen Plan wahr zu machen und Jesus zu verraten. Jesus aber wusste, dass der Vater ihm uneingeschränkte Macht über alles gegeben hatte und dass er von Gott gekommen war und zu Gott zurückkehren würde. Er stand vom Tisch auf, zog sein Obergewand aus, band sich ein Handtuch um die Hüften und goss Wasser in eine Schale. Dann begann er, seinen Jüngern die Füße zu waschen und sie mit dem Handtuch abzutrocknen, das er sich umgebunden hatte. (Joh 13,2-5)

Es ist ein langer Tag gewesen. Jerusalem ist überfüllt mit Gästen, die zum Passahfest gekommen sind und von denen die meisten unbedingt einen kurzen Blick auf den großen Lehrer werfen wollen. Die Frühlingssonne ist warm. Die Straßen sind trocken. Und die Jünger sind weit weg von zu Hause. Ein bisschen kühles Wasser wäre erfrischend.

Die Jünger treten in den Raum, einer nach dem anderen, und nehmen um den Tisch herum Platz. An der Wand hängt ein Handtuch, auf dem Fußboden stehen ein Wasserkrug und eine Waschschüssel. Jeder der Jünger könnte freiwillig die Aufgabe übernehmen. Aber keiner tut es.

Kurz darauf steht Jesus auf und zieht sein Obergewand aus. Er bindet sich den Schurz eines Dieners um, nimmt die Waschschüssel und kniet sich vor einen der Jünger hin. Er schnürt die Sandale auf, hebt sanft den Fuß hoch und stellt ihn in die Waschschüssel, bedeckt ihn mit Wasser und beginnt, ihn zu baden. Einer nach dem anderen, ein verdreckter Fuß nach dem anderen; so arbeitet sich Jesus die Reihe entlang.

Zu Jesu Tagen war das Waschen der Füße nicht nur eine Arbeit, die den Dienern vorbehalten war, sondern eine Arbeit für die geringsten der Diener. Jeder Kreis hatte seine Hackordnung, und der Kreis der Hausdiener bildete hier keine Ausnahme. Man erwartete von dem Diener auf der untersten Rangstufe, dass er mit Handtuch und Waschschüssel in die Knie ging. Hier ist der König des Universums derjenige mit Handtuch und Waschschüssel. Die Hände, die die Sterne formten, waschen jetzt Schmutz ab. Die Finger, die die Berge bildeten, massieren jetzt Zehen. Und der eine, vor dem eines Tages alle Völker knien werden, kniet vor seinen Jüngern. Stunden vor seinem eigenen Tod hat Jesus eine außergewöhnliche Sorge. Er möchte, dass seine Jünger wissen, wie sehr er sie liebt. Jesus beseitigt hier nicht nur Schmutz, er räumt Zweifel aus.

Jesus weiß, was bei der Kreuzigung mit seinen Händen geschehen wird. In vierundzwanzig Stunden werden sie durchbohrt und leblos sein. Wenn wir jemals von ihm erwarteten, dass er seine Jünger um etwas Entgegenkommen bitten würde, dann in diesem Augenblick. Aber er tut es nicht.

Ganz bestimmt weiß Jesus um die Zukunft dieser Füße, die er wäscht. Diese vierundzwanzig Füße werden am folgenden Tag nicht ihrem Herrn nachfolgen und seine Sache verteidigen. Beim Aufblitzen eines römischen Schwertes werden sich diese vierundzwanzig Füße fluchtartig in Sicherheit bringen. Nur ein Paar Füße wird ihn im Garten nicht verlassen. Ein Jünger wird ihn in Gethsemane nicht im Stich lassen – Judas würde nicht einmal so weit gehen! Er wird Jesus noch in dieser Nacht bei Tisch verlassen.

Ich suchte nach einer Bibelübersetzung, in der steht: »Jesus wusch die Füße aller Jünger, außer die Füße von Judas«, aber ich konnte keine finden. Welch packender Augenblick, als Jesus schweigend die Füße seines Verräters wäscht! In wenigen Stunden werden die Füße von Judas, liebevoll gewaschen von dem, den er verraten wird, im Hof von Kaiphas stehen.

Welches Geschenk macht Jesus seinen Jüngern! Er weiß, was diese Männer demnächst tun werden. Er weiß, dass sie in Kürze die abscheulichste Tat ihres Lebens ausführen werden. Am Morgen werden sie ihr Gesicht vor Scham verstecken und angewidert auf ihre Füße herabschauen. Und er will, dass sie sich dann daran erinnern, wie er vor ihnen kniete und ihre Füße wusch. Er will, dass sie erkennen, dass diese Füße immer noch sauber sind. »Du verstehst jetzt nicht, warum ich das tue; eines Tages wirst du es verstehen« (Joh 13,7). Beeindruckend. Er vergab ihnen ihre

Sünde, bevor sie sie begangen hatten. Er bot Barmherzigkeit an, noch bevor sie darum baten.

Aus der Fülle seiner Gnade

Oh, das könnte ich nie, werfen Sie ein. *Die Verletzung ist so tief. Es sind so viele Wunden. Ich zucke schon zusammen, wenn ich diesen Menschen auch nur sehe.* Vielleicht ist das Ihr Problem. Vielleicht sehen Sie die falsche Person oder zumindest zu oft die falsche Person. Denken Sie daran, dass das Geheimnis, so zu sein wie Jesus, im »Aufsehen zu Jesus« liegt. Versuchen Sie, Ihren Blick weg von dem zu lenken, der Sie verletzt hat, und auf den zu richten, der Sie erlöst hat.

Bedenken Sie das Versprechen von Johannes: »Doch wenn wir wie Christus im Licht Gottes leben, dann haben wir Gemeinschaft miteinander, und das Blut von Jesus, seinem Sohn, reinigt uns von jeder Schuld« (1. Joh 1,7).

Von geografischen und chronologischen Begebenheiten abgesehen ist unsere Geschichte die gleiche wie die der Jünger. Wir waren nicht in Jerusalem und lebten nicht in jener Nacht. Aber was Jesus für sie tat, hat er auch für uns getan. Er hat uns gereinigt. Er hat unser Herz von der Sünde gereinigt.

Ja, er reinigt uns immer noch! Johannes sagt: »Das Blut Jesu macht uns *rein* von aller Sünde.« Mit anderen Worten, wir *werden unaufhörlich gereinigt*. Das Reinigen ist nicht ein Versprechen für die Zukunft, sondern eine Wirklichkeit in der Gegenwart. Sobald ein Staubkörnchen auf die Seele eines Heiligen fällt, wird es weggewaschen. Sobald ein Schmutzfleck auf das Herz eines Kindes Gottes gelangt, wird er weggewischt. Jesus wäscht immer noch die Füße seiner Jünger. Jesus wäscht immer noch Flecken ab. Jesus macht immer noch seine Leute rein.

Unser Retter kniet nieder und betrachtet die dunkelsten Taten unseres Lebens. Doch er schaudert nicht entsetzt zurück, sondern streckt freundlich die Hand aus und sagt: »Ich kann dich reinwaschen, wenn du willst.« Und aus der Fülle seiner

Gnade schöpft er eine Handvoll Barmherzigkeit und wäscht unsere Sünde weg.

Aber das ist nicht alles. Weil er in uns lebt, können Sie und ich das Gleiche tun. Weil er uns vergeben hat, können wir anderen vergeben. Weil er ein vergebendes Herz hat, können wir ein vergebendes Herz haben. »Und weil ich, der Herr und Meister, euch die Füße gewaschen habe, sollt auch ihr einander die Füße waschen. Ich habe euch ein Beispiel gegeben, dem ihr folgen sollt. Tut, was ich für euch getan habe« (Joh 13,14-15).

Jesus wäscht unsere Füße aus zwei Gründen. Der Erste ist, um barmherzig mit uns zu sein; der Zweite ist, um uns Folgendes zu erklären: Jesus schenkt bedingungslos Gnade; deshalb sollen wir bedingungslos Gnade schenken. Die Barmherzigkeit Christi kam unseren Fehlern zuvor; unsere Barmherzigkeit muss den Fehlern der anderen zuvorkommen. Die Menschen, die zum Kreis Christi gehörten, zogen seine Liebe nicht in Zweifel; die Menschen in unserem Kreis sollten unsere Liebe nicht in Zweifel ziehen.

Was bedeutet es, ein Herz wie Jesus zu haben? Es bedeutet, sich hinzuknien, wie Jesus sich hinkniete, und die verdreckten Glieder anderer Menschen zu berühren und ihre Unfreundlichkeit mit Freundlichkeit wegzuwaschen. Oder wie Paulus schrieb: »Seid stattdessen freundlich und mitfühlend zueinander und vergebt euch gegenseitig, wie auch Gott euch durch Christus vergeben hat« (Eph 4,32).

»Aber Max«, werfen Sie jetzt ein. »Ich habe nichts falsch gemacht. Ich bin nicht derjenige, der betrogen hat. Ich bin nicht derjenige, der gelogen hat. Hier bin nicht ich der Schuldige.« Vielleicht sind Sie es nicht. Aber Jesus war es auch nicht. Von all den Männern in dem Raum war nur einer es wert, dass seine Füße gewaschen wurden. Und dieser einer war es, der die Füße wusch. Der Einzige, der es wert war, bedient zu werden, bediente die anderen. Die Genialität des Beispiels Jesu liegt darin, dass die Verantwortung zum Brückenbauen dem Stärkeren und nicht dem Schwächeren auferlegt wird. Der Unschuldige ist es, der den ersten Schritt tut. Und wissen Sie, was geschieht? Wenn derjenige, der im Recht ist, freiwillig die Füße desjenigen wäscht, der im Unrecht ist, dann sinken beide in die Knie. Denken wir nicht alle, dass wir im Recht sind? Folglich waschen wir einander die Füße.

Bitte verstehen Sie es richtig: *Beziehungen gedeihen nicht, weil die Schuldigen bestraft werden, sondern weil die Unschuldigen barmherzig sind.*

Die Macht der Vergebung

Vor Kurzem aß ich mit Freunden zusammen zu Mittag. Ein Ehepaar wollte mir von einem Konflikt erzählen, den sie durchlebt hatten. Durch verschiedene Umstände hatte die Frau erfahren, dass ihr Mann vor über zehn Jahren eine Affäre hatte. Er hatte fälschlicherweise gedacht, es sei besser, ihr nichts davon zu erzählen. Aber sie fand es heraus. Und wie Sie sich vorstellen können, war sie tief verletzt.

Auf Empfehlung eines Beraters hin ließ das Ehepaar alles liegen und verreiste für einige Tage. Eine Entscheidung musste fallen. Würden sie fliehen, kämpfen oder vergeben? Also beteten sie. Sie sprachen miteinander. Sie gingen spazieren. Sie dachten nach. In diesem Fall war die Frau eindeutig im Recht. Sie hätte gehen können. Frauen haben das schon aus weniger schwerwiegenden Gründen getan. Oder sie hätte bleiben und sein Leben zur Hölle machen können. Doch sie entschied sich für eine andere Reaktion.

Am zehnten Abend ihrer Reise fand mein Freund eine Karte auf seinem Kopfkissen. Auf der Karte stand der Spruch: »Ich tue lieber nichts mit dir als etwas ohne dich.« Unter dem Spruch hatte sie diese Worte geschrieben:

Ich vergebe dir. Ich liebe dich. Machen wir weiter.

Die Karte könnte man mit einer Waschschüssel vergleichen und den Stift mit einem Krug Wasser, denn aus ihm floss reine Barmherzigkeit, und damit wusch sie die Füße ihres Mannes.

Manche Konflikte können einfach mit einer Schüssel voll Wasser gelöst werden. Gibt es Beziehungen in Ihrem Umfeld, die nach Barmherzigkeit dürsten? Sitzen Menschen an Ihrem Tisch, denen bekräftigt werden muss, dass Sie ihnen Barmherzigkeit entgegenbringen? Jesus sorgte dafür, dass seine Jünger keinen Grund hatten, seine Liebe in Zweifel zu ziehen. Warum tun Sie nicht das Gleiche?

Da Gott euch erwählt hat, zu seinen Heiligen und Geliebten zu gehören, seid voll Mitleid und Erbarmen, Freundlichkeit, Demut, Sanftheit und Geduld.

Kolosser 3,12

Kapitel 3

Die Berührung Gottes
Ein mitfühlendes Herz

Schauen Sie doch einmal Ihre Hand an. Betrachten Sie den Handrücken, dann die Handfläche. Machen Sie sich ganz neu mit Ihren Fingern vertraut. Streichen Sie über Ihre Fingergelenke.

Was würde jemand machen, der einen Dokumentarfilm über Ihre Hände drehen, ein Regisseur, der Ihre Geschichte anhand des Lebens Ihrer Hände erzählen möchte? Was würden wir sehen? Wie bei allen von uns würde der Film mit der Faust eines Säuglings beginnen, dann käme eine Großaufnahme einer winzigen Hand, die sich an Mamas Finger festklammert. Und dann? Wie sie sich an einem Stuhl festhält, als Sie laufen lernten? Eine Hand, die nach dem Löffel greift, als Sie alleine essen lernten?

Schon bald im Film würden wir sehen, wie Ihre Hand zärtlich ist, wie sie Papas Gesicht streichelt oder einen jungen Hund tätschelt. Es dauert ebenfalls nicht lange, bis wir sehen, wie Ihre Hand aggressiv wird: wie sie den großen Bruder wegstößt oder ihm ein Spielzeug aus der Hand reißt. Wir alle lernen früh, dass die Hand zu mehr als nur zum Überleben geeignet ist – sie ist ein Mittel, mit dem Gefühlsregungen ausgedrückt werden können. Dieselbe Hand kann helfen und verletzen, sich öffnen und sich ballen, jemanden aufrichten und jemanden zu Boden stoßen.

Wenn Sie den Dokumentarfilm Ihren Freunden zeigen, wären Sie auf einige Augenblicke stolz: Ihre Hand, die ein Geschenk reicht, einen Ring an den Finger eines anderen Menschen steckt, eine Wunde verbindet, eine Mahlzeit zubereitet oder sich zum Gebet faltet. Es gibt auch andere Szenen: Aufnahmen von erhobenen Zeigefingern, drohenden Fäusten. Hände, die öfter nehmen als geben, öfter fordern als schenken, öfter verletzen als lieben. Oh, die Macht unserer

Hände! Werden sie nicht gezügelt, dann werden sie zu Waffen: Sie versuchen, Macht an sich zu reißen, sie kämpfen ums Überleben, und sie verführen aus Vergnügen. Gezügelt jedoch werden unsere Hände Instrumente der Gnade – nicht nur Werkzeuge in der Hand Gottes, sondern *Gottes Hände*. Liefern Sie sie aus, und diese fünffingrigen Gebilde werden die Hände des Himmels.

Genau das tat Jesus. Er lieferte seine Hände völlig Gott aus. Im Dokumentarfilm über seine Hände sieht man kein gieriges Grapschen oder unbegründetes Mit-dem-Finger-Zeigen. Vielmehr zeigt eine Szene nach der anderen Menschen, die sich nach seiner mitfühlenden Berührung sehnen: Eltern, die ihre Kinder zu ihm bringen, Arme, die mit ihren Ängsten und Sünder, die mit der Last ihres Kummers zu ihm kommen. Und jeder, der kam, wurde berührt. Und jeder, der berührt wurde, wurde verändert. Aber keiner wurde mehr berührt und mehr verändert als der Aussätzige in Matthäus 8.

> Viele Menschen folgten Jesus, als er den Berg hinuntergestiegen war. Da trat ihm ein Aussätziger in den Weg. Er fiel vor ihm nieder und sagte: »Herr, wenn du willst, kannst du mich gesund machen.« Jesus berührte ihn. »Ich will es tun«, sagte er. »Sei gesund!« Und im selben Augenblick war der Mann von seiner Krankheit geheilt. Daraufhin sagte Jesus zu ihm: »Geh zum Priester und lass dich von ihm untersuchen. Sprich unterwegs mit niemandem darüber. Aber nimm das Opfer mit, das Mose für die Heilung von Aussatz vorgeschrieben hat. Das soll für alle ein Beweis deiner Heilung sein.« (Mt 8,1-4)

Markus und Lukas erzählen diese Geschichte auch. Alle drei Verfasser mögen mir verzeihen, aber ich muss sagen, dass keiner von ihnen genug erzählt. O ja, wir kennen die Krankheit des Mannes und seine Entscheidung, aber was ist mit dem Rest? Fragen bleiben offen. Die Verfasser geben keinen Namen an, keine Geschichte und keine Beschreibung.

Der allerletzte Geächtete

Manchmal geht meine Neugierde mit mir durch, und ich denke laut nach. Das tue ich hier – ich denke laut über den Mann nach, der die mitfühlende Berührung Jesu gespürt hat. Er tritt nur einmal auf, äußert nur eine Bitte und wird nur ein einziges Mal berührt. Aber diese einzige Berührung hat sein Leben dauerhaft verändert. Und ich frage mich, ob diese Geschichte sich nicht so ereignet hat:

Fünf Jahre lang hat mich niemand berührt. Niemand. Keine Menschenseele. Nicht meine Frau. Nicht mein Kind. Nicht meine Freunde. Niemand berührte mich. Sie sahen mich. Sie sprachen mit mir, ich fühlte Liebe in ihrer Stimme. Ich sah Sorge in ihren Augen. Aber ich spürte ihre Berührung nicht. Es gab keine Berührung. Nicht ein einziges Mal. Niemand berührte mich.

Ich verlangte nach dem, was für euch alltäglich ist. Ein Händedruck. Eine herzliche Umarmung. Ein Klopfen auf die Schulter, um meine Aufmerksamkeit zu erregen. Ein Kuss auf die Lippen. Solche Augenblicke gab es in meiner Welt nicht mehr. Niemand berührte mich. Niemand rempelte mich an. Was hätte ich darum gegeben, wenn mich jemand angerempelt hätte, wenn ich im Gedränge kaum vorwärts gekommen wäre, wenn meine Schulter eine andere gestreift hätte. Aber seit fünf Jahren war das nicht geschehen. Wie könnte es auch anders sein? Ich durfte nicht auf die Straße. Sogar die Rabbis hielten sich von mir fern. Ich wurde nicht in die Synagoge eingelassen. Ich war nicht einmal in meinem eigenen Haus willkommen.

Ich war unberührbar. Ich war ein Aussätziger. Und niemand berührte mich. Bis heute.

Ich denke über diesen Mann nach, denn zur Zeit des Neuen Testaments war Lepra die gefürchtetste Krankheit. Die Krankheit veränderte den Körper in eine Masse von Geschwüren und Fäulnis. Die Finger verformten und verkrümmten sich. Der Hautausschlag verfärbte sich und stank. Bei bestimmten Lepraarten wurden die Nerven-Enden empfindungslos, was zum Verlust von Fingern, Zehen und sogar eines ganzen Fußes oder einer Hand führte. Lepra war ein langsamer Tod, Zentimeter um Zentimeter.

Die sozialen Folgen waren nicht weniger schwerwiegend als die körperlichen. Da der Aussätzige als ansteckend galt, wurde er unter Quarantäne gestellt, in eine Aussätzigenkolonie verbannt.

In der Bibel versinnbildlicht der Aussätzige den allerletzten Geächteten: Unverschuldet von einer Krankheit befallen wurde er von den Menschen, die er kannte, verstoßen, von denen, die er nicht kannte, gemieden, zu einer Zukunft verurteilt, die er nicht ertragen konnte. Und jeder dieser Geächteten wird nie den Tag vergessen, an dem er der Wahrheit ins Auge sehen musste: Das Leben würde nie mehr so sein wie vorher.

Eines Jahres,, während der Ernte, hatte ich den Eindruck, dass ich die Sichel nicht mit meiner sonstigen Kraft packen konnte. Meine Fingerspitzen schienen wie taub. Innerhalb kurzer Zeit konnte ich die Sichel noch halten, aber kaum fühlen. Gegen Ende der Hauptbetriebszeit fühlte ich gar nichts mehr. Die Hand, die die Sichel umschloss, hätte genauso gut einem anderen gehören können – ich hatte überhaupt kein Gefühl mehr. Ich sagte meiner Frau nichts, aber ich weiß, dass sie etwas argwöhnte. Wie hätte es auch anders sein können? Ich hielt meine Hand die ganze Zeit an meinen Körper gepresst, wie einen verwundeten Vogel.

Eines Nachmittags tauchte ich meine Hände in ein Wasserbecken, weil ich mein Gesicht waschen wollte. Das Wasser wurde rot. Mein Finger blutete, sogar ziemlich heftig. Ich wusste nicht einmal, dass ich verletzt war. Wie hatte ich mich geschnitten? An einem Messer? War meine Hand über eine scharfe Metallklinge gestreift? Höchstwahrscheinlich, aber ich hatte nichts gespürt.

»Auf deiner Kleidung ist es auch«, flüsterte meine Frau sanft. Sie stand hinter mir. Bevor ich sie anschaute, betrachtete ich die blutroten Flecken auf meinem Gewand. Lange stand ich über dem Becken und starrte auf meine Hand. Irgendwie wusste ich, dass sich mein Leben für immer verändert hatte.

»Soll ich mit dir zum Priester gehen?«, fragte sie.

»Nein«, seufzte ich. »Ich gehe alleine.«

Ich drehte mich um und sah Tränen in ihren Augen. Neben ihr stand unsere dreijährige Tochter. Ich ging in die Hocke, starrte in ihr Gesicht und streichelte wortlos ihre Wange. Was hätte ich auch sagen können? Ich stand da und schaute wieder meine Frau an. Sie berührte meine Schulter, und mit meiner gesunden Hand berührte ich ihre. Es würde unsere letzte Berührung sein.

Fünf Jahre sind vergangen, und niemand hat mich seither berührt, bis heute. Der Priester hatte mich nicht berührt. Er schaute meine Hand an, die jetzt in einen Lumpen gehüllt war. Er schaute mir ins Gesicht, das jetzt vor Schmerz verdüstert war. Das, was er mir sagte, nahm ich ihm nicht übel. Er hatte nur seine Anweisungen befolgt. Er bedeckte seinen Mund, streckte die Hand aus, mit der Handfläche nach vorne. »Du bist unrein«, sagte er mir. Mit dieser einzigen Aussage verlor ich meine Familie, meinen Bauernhof, meine Zukunft, meine Freunde.

Meine Frau kam zu mir ans Stadttor mit einem Sack Kleidung, Brot und Münzen. Sie sagte nichts. Einige Freunde hatten sich versammelt. In ihren Augen sah ich zum ersten Mal, was ich seither in allen Augen gesehen habe: angsterfülltes Mitleid. Als ich einen Schritt machte, traten sie zurück. Ihr Entsetzen vor meiner Krankheit war größer als ihre Sorge um mein Herz – so traten sie, wie alle anderen, die ich seither gesehen habe, zurück.

Die Verbannung von Leprakranken scheint grausam, unnötig. Doch nicht nur der Alte Orient hat seine Verwundeten isoliert. Wir bauen vielleicht keine Kolonien und bedecken nicht unseren Mund in ihrer Gegenwart, aber wir bauen sicherlich Mauern und wenden die Augen ab. Ein Mensch muss nicht unbedingt Lepra haben, um völlig isoliert zu werden.

Zu meinen traurigen Erinnerungen gehört mein Freund Jerry aus der vierten Klasse.[4] Er und ein halbes Dutzend anderer Jungen waren eine unzertrennliche Clique auf dem Spielplatz. Eines Tages rief ich bei ihm zu Hause an und fragte, ob wir spielen können. Eine fluchende, betrunkene Stimme antwortete mir am Telefon, dass Jerry weder heute noch an einem anderen Tag kommen dürfe. Ich erzählte meinen Freunden, was geschehen war. Einer erklärte, dass Jerrys Vater Alkoholiker war. Ich weiß nicht, ob ich wusste, was das Wort bedeutete, aber ich lernte es schnell. Jerry, der zweite Basenhüter beim Baseball, Jerry mit dem roten Fahrrad, Jerry, mein Freund um die Ecke, war jetzt »Jerry, der Sohn eines Trinkers«. Kinder können grausam sein, und aus irgendeinem Grund waren wir grausam mit Jerry. Er war infiziert. Wie der Aussätzige litt er unter einer Situation, die er nicht verschuldet hatte. Wie der Aussätzige wurde er aus der Gemeinschaft ausgeschlossen.

Geschiedene kennen dieses Gefühl. Behinderte auch. Arbeitslose haben es verspürt und auch die weniger Gebildeten. Manche meiden ledige Mütter. Wir gehen Depressiven aus dem Weg und halten uns von Todkranken fern. Wir haben Bezirke für Einwanderer, Heime für Alte, Schulen für Lernbehinderte, Anstalten für Suchtkranke und Gefängnisse für Straffällige.

Andere versuchen, dem allem zu entkommen. Nur Gott weiß, wie viele »Jerrys« sich im freiwilligen Exil befinden – Menschen, die still und einsam leben, mit der Angst vor der Zurückweisung und der Erinnerung an das letzte Mal, als sie es versucht haben. Sie beschlossen, lieber nicht berührt zu werden als die Gefahr zu laufen, wieder verletzt zu werden.

Wie sehr stieß ich die ab, die mich sahen. Fünf Jahre Aussatz hatten meine Hände verformt. Die Fingerspitzen fehlten und auch Teile eines Ohres und meiner Nase. Bei meinem Anblick griffen Väter nach ihren Kindern. Mütter bedeckten ihr Gesicht. Kinder zeigten mit dem Finger nach mir und starrten mich an.

Die Lumpen auf meinem Körper konnten meine Wunden nicht verbergen. Und der Schal auf meinem Gesicht konnte die Wut in meinen Augen auch nicht verdecken. Ich versuchte nicht einmal, sie zu verbergen. In wie vielen Nächten ballte ich meine verkrüppelte Faust gegen den schweigenden Himmel? »Was habe ich getan, um das zu verdienen?« Doch die Antwort blieb aus.

Manche denken, ich habe gesündigt. Andere denken, meine Eltern haben gesündigt. Ich weiß nur, dass ich genug von alledem hatte, vom Schlafen in der Kolonie, von dem üblen Geruch.

Ich hatte so genug von der verwünschten Glocke, die ich um den Hals tragen musste, um die Leute vor meiner Gegenwart zu warnen. Als ob ich das nötig hätte. Ein Blick genügte, und schon begannen die Rufe: Unrein! Unrein! Unrein!«

Vor einigen Wochen wagte ich es, auf der Straße entlang zu meinem Dorf zu gehen. Ich hatte nicht die Absicht, das Dorf zu betreten. Ich wollte nur wieder einen Blick auf meine Felder werfen. Mein Haus noch einmal von Weitem betrachten. Und vielleicht zufällig das Gesicht meiner Frau sehen. Ich sah sie nicht. Aber ich sah einige Kinder, die auf einer Wiese spielten. Ich versteckte mich hinter einem Baum und beobachtete, wie sie umhersausten und sprangen. Ihre Gesichter waren so fröhlich und ihr Lachen so ansteckend, dass ich einen Augenblick lang, nur einen Augenblick lang, kein Aussätziger mehr war. Ich war ein Bauer. Ich war ein Vater. Ich war ein Mann.

Von ihrer Fröhlichkeit angesteckt trat ich hinter dem Baum hervor, streckte meinen Rücken, atmete tief ein... und sie sahen mich. Sie sahen mich, bevor ich mich zurückziehen konnte. Und sie schrien, rannten davon. Eines jedoch blieb hinter den anderen zurück. Eines hielt an und schaute in meine Richtung. Ich kann es nicht sicher sagen, aber ich denke, ja ich denke wirklich, dass es meine Tochter war. Ich denke, dass sie nach ihrem Vater Ausschau hielt.

Dieser Blick veranlasste mich zu dem Schritt, den ich heute tat. Natürlich war es leichtsinnig. Natürlich war es riskant. Aber was hatte ich zu verlieren? Er nennt sich Gottes Sohn. Entweder wird er meine Klagen hören und mich töten oder meine Bitten erhören und mich heilen. Das waren meine Gedanken. Ich kam als herausfordernder Mann zu ihm. Nicht Glaube bewegte mich, sondern verzweifelte Wut. Gott hat dieses Elend auf meinem Körper hervorgebracht, und er würde es entweder heilen oder mein Leben beenden.

Aber dann sah ich ihn, und als ich ihn sah, war ich verändert. Vergessen Sie nicht, ich bin Bauer und kein Dichter, deshalb finde ich nicht die Worte, die beschreiben, was ich sah. Ich kann nur sagen, dass der Morgen in Judäa manchmal so frisch und der Sonnenaufgang so herrlich ist, dass man an die Hitze des vergangenen Tages und die Schmerzen der Vergangenheit überhaupt nicht mehr denkt. Als ich in sein Gesicht blickte, war es, als sähe ich einen Morgen in Judäa. Bevor er etwas sagte, wusste ich, dass er mit mir fühlte. Irgendwie wusste ich, dass er diese Krankheit genauso sehr wie ich – nein, noch mehr als ich, hasste. Mein Zorn verwandelte sich in Vertrauen, meine Wut in Hoffnung.

Hinter einem Felsen versteckt beobachtete ich, wie er den Berg hinunterstieg. Eine riesige Menschenmenge folgte ihm. Ich wartete, bis er nur wenige Schritte von mir entfernt war, dann trat ich hervor.

»Meister!«

Er hielt an und schaute in meine Richtung, wie auch unzählige andere. Die Menge wurde von Angst erfasst. Alle bedeckten ihr Gesicht mit dem Arm. Kinder gingen hinter ihren Eltern in Deckung. »Unrein!«, schrie jemand. Ich kann ihnen deswegen nicht böse sein. Ich war ja der wandelnde Tod. Aber ich hörte sie kaum. Ich sah sie kaum. Ihre Panik hatte ich schon tausendmal gesehen. Sein Mitgefühl hatte ich jedoch noch nie erlebt. Alle traten zurück, außer ihm. Er kam auf mich zu.

Vor fünf Jahren war meine Frau auf mich zugekommen. Sie war die Letzte, die das tat. Und jetzt er. Ich bewegte mich nicht. Ich sagte nur: »Herr, du kannst mich gesund machen, wenn du willst.« Hätte er mich mit einem Wort gesund gemacht, wäre ich begeistert gewesen. Hätte er mich mit einem Gebet gesund gemacht, hätte ich mich riesig gefreut. Aber er sprach nicht nur mit mir. Das war ihm nicht genug. Er kam näher an mich heran. Er berührte mich. Vor fünf Jahren hatte meine Frau mich berührt. Seither hat mich niemand mehr berührt. Bis heute nicht.

»Ich will.« Seine Worte waren so liebevoll wie seine Berührung. »Sei gesund!«

Kraft strömte durch meinen Körper wie Wasser durch einen vertrockneten Acker. Im selben Augenblick fühlte ich Wärme, wo Taubheit war. Ich fühlte Kraft in meinem abgezehrten Körper. Ich streckte meinen Rücken und hob meinen Kopf. Jetzt *stand ich ihm gegenüber, schaute in sein Gesicht, Auge in Auge. Er lächelte.*

Mit seinen Händen umfasste er meinen Kopf und zog mich so nahe an sich heran, dass ich seinen warmen Atem spüren und die Tränen in seinen Augen sehen konnte. »Sieh zu, dass du niemand etwas sagst, sondern geh zum Priester, lass dir von ihm die Heilung bestätigen und bring das Opfer, das Mose vorgeschrieben hat. Die Verantwortlichen sollen wissen, dass ich das Gesetz ernst nehme.« Ich bin jetzt auf dem Weg zum Priester. Ich werde mich ihm zeigen und ihn umarmen. Ich werde mich meiner Frau zeigen und sie umarmen. Ich werde meine Tochter in die Arme nehmen. Und ich werde nie den vergessen, der es wagte, mich zu berühren. Er hätte mich mit einem Wort gesund machen können. Aber er wollte mich nicht nur gesund machen. Er wollte mich ehren, mir Wert verleihen, mich in die Gemeinschaft mit ihm hineinnehmen. Stellen Sie sich das vor ... nicht wert, von einem Menschen berührt zu werden, aber der Berührung Gottes würdig.

Die Macht der göttlichen Berührung

Die Berührung hat die Krankheit nicht geheilt, das wissen Sie. Matthäus betont bewusst, dass es nicht die Berührung, sondern die Worte Jesu waren, die Heilung brachten. »Jesus berührte ihn. ›Ich will es tun‹, sagte er. ›Sei gesund!‹ Und im selben Augenblick war der Mann von seiner Krankheit geheilt« (Mt 8,3).

Die Krankheit wurde durch ein Wort von Jesus vertrieben. Die Einsamkeit jedoch wurde durch die Berührung Jesu geheilt. Ja, die Macht der göttlichen Berührung. Haben Sie das nicht gewusst? Der Arzt, der Sie behandelte, oder die Lehrerin, die Ihre Tränen trocknete? Hielt jemand Ihre Hand bei einer Beerdigung? Legte sich während der Schicksalsprüfung eine Hand auf Ihre Schulter? Ein Händedruck zur Begrüßung bei einer neuen Arbeitsstelle? Ein seelsorgerliches Gebet für Heilung? Haben wir nicht von der Macht der göttlichen Berührung gewusst?

Können wir das Gleiche anbieten?

Viele von Ihnen tun das bereits. Einige unter Ihnen haben die Gabe der Berührung des großen Arztes selbst. Sie gebrauchen Ihre Hände, um über Kranken zu beten und Schwachen aufzuhelfen. Wenn Sie diese Menschen nicht persönlich berühren, schreiben Ihre Hände Briefe, wählen Telefonnummern, backen Kuchen. Sie haben die Macht der Berührung kennengelernt.

Andere unter uns vergessen es immer wieder. Wir haben ein gutes Herz, nur unser Gedächtnis lässt uns im Stich. Oder wir haben Angst, das Falsche zu sagen oder den falschen Ton zu treffen oder falsch zu handeln. Bevor wir etwas falsch machen, tun wir lieber gar nichts.

Seien wir froh, dass Jesus nicht denselben Fehler machte. Wenn Ihre Angst, etwas falsch zu machen, Sie davon abhält, etwas zu tun, dann denken Sie an die Aussichten der Aussätzigen dieser Welt. Sie sind nicht heikel. Sie sind nicht anspruchsvoll. Sie sind nur einsam. Sie sehnen sich nach einer göttlichen Berührung.

Jesus berührte die Unberührbaren dieser Welt. Wollen Sie das Gleiche tun?

*Aber es reicht nicht, nur auf die Botschaft
zu hören – ihr müsst auch danach handeln!
Sonst betrügt ihr euch nur selbst.
Denn wer ihr nur zuhört und nicht danach handelt,
ist wie ein Mensch, der sich im Spiegel betrachtet.
Er sieht sich, geht weg und vergisst,
wie er aussieht.*

Jakobus 1,22-24

Kapitel 4

Gottes Musik hören
Ein hörendes Herz

»Wer Ohren hat, der höre.«

Acht Mal in den Evangelien und acht Mal in der Offenbarung[5] werden wir daran erinnert, dass es nicht genug ist, Ohren zu haben – wir müssen sie auch gebrauchen.

In einem seiner Gleichnisse[6] vergleicht Jesus unsere Ohren mit einem Ackerboden. Er erzählte von einem Bauern, der Samen ausstreute (ein Sinnbild für das Wort), und zwar auf vier verschiedene Bodenarten (ein Sinnbild für unsere Ohren). Manche Ohren gleichen einem harten Weg – unempfänglich für den Samen. Andere haben Ohren wie felsiger Boden – wir hören das Wort, lassen es aber keine Wurzel schlagen. Andere haben Ohren, die einem Stück Land voller Unkraut ähneln – überwuchert, voller Dornengestrüpp, mit so viel Konkurrenz für den Samen, dass dieser keine Chance hat. Und dann gibt es Menschen, die Ohren haben, die hören: gut gepflügtes Land, umsichtig und bereit, die Stimme Gottes zu hören.

Bitte denken Sie daran, dass in allen vier Fällen der Same derselbe ist. Auch der Sämann ist derselbe. Nicht die Botschaft oder ihr Überbringer ist anders, sondern der Hörer. Und wenn die Zahlen in dieser Geschichte von Bedeutung sind, dann hören drei Viertel der Welt nicht auf Gottes Stimme. Egal, ob die Ursache in einem harten Herzen, einem oberflächlichen Leben oder einem sorgenvollen Wesen liegt – 75 Prozent von uns hören die Botschaft nicht.

Es liegt nicht daran, dass wir keine Ohren hätten; wir gebrauchen sie nur nicht.

Die Bibel hat immer großen Wert auf das Hören auf Gottes Stimme gelegt. Das große Gebot Gottes, das durch Mose verkündet wurde, begann in der Tat mit den Worten: »Hört, ihr Israeliten! Der Herr, unser Gott, ist der einzige Herr« (5. Mose 6,4). Nehemia und seine Leute wurden lobend erwähnt, denn »das ganze Volk hörte der Verlesung des Gesetzbuches aufmerksam zu« (Neh 8,3). Glücklich ist, wer auf mich hört, ist die Zusicherung von Sprüche 8,34. Jesus fordert uns auf, zu lernen, wie Schafe zu hören. »Die Schafe hören seine Stimme und kommen zu ihm ... Die Schafe folgen ihm, weil sie seine Stimme kennen. Einem Fremden aber folgen sie nicht, sondern laufen vor ihm weg, weil sie seine Stimme nicht kennen« (Joh 10,3-5). Jede der sieben Gemeinden in der Offenbarung wird in der gleichen Weise angesprochen: »Wer Ohren hat, der höre, was der Geist den Gemeinden sagt.«[7]

Im Gegensatz zu unseren Augen haben unsere Ohren keine Lider. Sie sollen offen bleiben, doch wie leicht verschließen sie sich.

Vor einiger Zeit kauften Denalyn und ich Reisegepäck ein. In einem Geschäft fanden wir, was wir suchten, und sagten dem Verkäufer, dass wir in ein anderes Geschäft gehen würden, um die Preise zu vergleichen. Er fragte mich, ob ich seine Visitenkarte wollte. Ich antwortete ihm: »Nein, Ihr Name ist leicht zu merken, Bob.« Darauf erwiderte er: »Ich heiße Joe.« Ich hatte den Mann gehört, ihm aber nicht zugehört.

Pilatus hat auch nicht zugehört. Bei ihm sehen wir den klassischen Fall von Ohren, die nicht hören. Nicht nur seine Frau warnte ihn: »Habe du nichts zu schaffen mit diesem Gerechten« (Mt 27,19), sondern das wahrhaftige Wort des Lebens stand vor Pilatus in seinem Empfangszimmer und erklärte: »Wer aus der Wahrheit ist, der hört meine Stimme« (Joh 18,37). Aber Pilatus hörte nach Bedarf. Er ließ zu, dass die Stimmen des Volkes die Stimme des Gewissens und des Zimmermanns übertönten. »Ihr Geschrei nahm überhand« (Lk 23,23).

Schließlich lieh Pilatus sein Ohr der Menge und überhörte Christus, er setzte sich über die Botschaft des Messias hinweg. »Der Glaube kommt also aus dem Hören der Botschaft« (Röm 10,17), und da Pilatus nicht hörte, fand er nie zum Glauben.

»Wer Ohren hat, der höre.« Wann haben Sie das letzte Mal Ihr Gehör überprüfen lassen? Was kommt dabei heraus, wenn Gott in Ihre Richtung Samen ausstreut? Darf ich eine oder zwei Fragen stellen, um nachzuprüfen, wie gut Sie Gottes Stimme hören?

Wann hat Gott Sie das letzte Mal erreicht?

Ich meine wirklich *erreicht*. Wie lange ist es her, dass Sie konzentriert und ununterbrochen eine Zeit lang auf seine Stimme gehört haben? Offensichtlich tat Jesus das. Er bemühte sich bewusst, Zeit mit Gott zu verbringen.

Wenn Sie sich damit beschäftigen, wie Jesus auf Gott hörte, dann erkennen Sie eine klare Gesetzmäßigkeit. Er verbrachte regelmäßig Zeit mit Gott, zum Gebet und zum Hören. Markus schreibt: »Am nächsten Morgen ging Jesus allein an einen einsamen Ort, um zu beten« (Mk 1,35). Lukas berichtet: »Jesus zog sich jedoch immer wieder zum Gebet in die Wüste zurück« (Lk 5,16).

Ich möchte jetzt eine fast überflüssige Frage stellen. Wenn Jesus, der Sohn Gottes, der sündlose Erlöser der Menschheit, es für nötig erachtete, in seinem Terminkalender Platz für das Gebet zu schaffen, wäre das nicht auch für uns angezeigt?

Er verbrachte nicht nur regelmäßig Zeit mit Gott im Gebet, er befasste sich auch regelmäßig mit Gottes Wort. Natürlich hat er nicht ein in Leder gebundenes Neues Testament aus seiner Tasche gezogen und darin gelesen. Jesus gibt uns jedoch ein eindrucksvolles Beispiel während der Versuchung in der Wüste, als er das Wort Gottes benutzt, um mit Satan fertig zu werden. Dreimal wird er versucht, und jedes Mal wehrt er den Angriff mit dem Satz ab: »In der Schrift steht« oder »Es wird gesagt« (Lk 4,4.8.12), und dann zitiert er einen Bibelvers. Jesus ist mit der Heiligen Schrift so vertraut, dass er nicht nur den passenden Vers kennt, sondern auch weiß, wie man ihn anwendet.

Ein anderes Mal wurde Jesus gebeten, in der Synagoge vorzulesen. Ihm wird das Buch des Propheten Jesaja gereicht. Er findet die Stelle, liest sie und erklärt: »Heute ist dieses Wort vor euren Augen und Ohren Wirklichkeit geworden« (Lk 4,21). Wir sehen hier einen Menschen, der sich in der Heiligen Schrift auskennt und ihre Erfüllung erkennen kann. Wenn Jesus dachte, dass es klug ist, mit der Bibel vertraut zu werden, wäre es dann nicht auch für uns angezeigt?

Wenn wir wie Jesus sein wollen – wenn wir Ohren haben wollen, die Gottes Stimme hören –, dann haben wir jetzt zwei Gewohnheiten entdeckt, deren Nachahmung für uns lohnend ist: die Gewohnheiten des Gebetes und des Bibellesens. Denken Sie über diese Verse nach:

> Freut euch auf alles, was Gott für euch bereithält. Seid geduldig, wenn ihr schwere Zeiten durchmacht, und hört niemals auf zu beten. (Röm 12,12)

> Wer aber ständig auf das vollkommene Gesetz Gottes achtet – das Gesetz, das uns frei macht – und befolgt, was es sagt, und nicht vergisst, was er gehört hat, den wird Gott segnen. (Jak 1,25)

Wenn wir wie Jesus sein wollen, dann müssen wir uns regelmäßig Zeit nehmen, mit Gott zu sprechen und auf sein Wort zu hören.

Stellvertretende Geistlichkeit

Einen Moment mal. Machen Sie das nicht. Ich weiß genau, was einige von Ihnen jetzt tun. Sie schalten ab. *Lucado spricht über tägliche Andachten. Da entspanne ich mich mal kurz und schaue im Kühlschrank nach, was wir zu essen haben.*

Ich verstehe Ihren Widerwillen. Einige unter uns haben versucht, jeden Tag Stille Zeit zu halten, und es ist ihnen nicht gelungen. Anderen fällt es schwer, sich zu konzentrieren. Und alle sind wir viel zu beschäftigt. Anstatt Zeit mit Gott zu verbringen und auf seine Stimme zu hören, überlassen wir es anderen, Zeit mit ihm zu verbringen, und profitieren von ihrer Erfahrung. Sie sollen uns berichten, was Gott sagt. Dafür bezahlen wir doch schließlich unsere Pfarrer, oder? Deshalb lesen wir doch christliche Bücher? *Diese Leute sind für tägliche Andachten geeignet. Ich lerne einfach von ihnen.*

Wenn das Ihre Einstellung ist – wenn Ihre geistlichen Erfahrungen aus zweiter Hand und nicht aus erster Hand stammen –, dann möchte ich Sie mit folgendem Gedanken herausfordern: Tun Sie das auch mit anderen Bereichen Ihres Lebens? Ich denke nicht.

Sie tun das nicht mit Ihrem Urlaub. Sie sagen nicht: »Urlaub, mit dem ganzen Packen und Wegfahren, ist so nervenaufreibend. Ich schicke jemanden für mich in Urlaub. Wenn er zurückkommt, höre ich alles darüber und erspare mir die Strapazen.« Würden Sie das tun? Nein! Sie wollen das Erlebnis aus erster Hand. Sie wollen die Sehenswürdigkeiten aus erster Hand, und Sie wollen sich die Erholung aus erster Hand gönnen. Es gibt Dinge, die niemand an Ihrer Stelle tun kann.

Sie tun das auch nicht mit einer Liebesbeziehung. Sie sagen nicht: »Ich bin in diese wunderbare Person verliebt, aber eine Liebesbeziehung ist so nervenaufreibend. Ich werde einen stellvertretenden Verehrer beauftragen, der die Liebesbeziehung für mich genießt. Ich werde dann alles darüber hören und erspare mir die Beschwerlichkeiten.« Wer würde so etwas tun? Sie wollen die Liebesbeziehung aus erster Hand erleben. Sie wollen kein Wort und kein Rendezvous versäumen, und ganz sicherlich wollen Sie sich den Kuss nicht entgehen lassen, nicht wahr? Es gibt Dinge, die niemand an Ihrer Stelle tun kann.

Und dazu gehört auch Zeit mit Gott verbringen.

Auf Gott hören ist eine Erfahrung aus erster Hand. Wenn Gott um Ihre Aufmerksamkeit bittet, will er nicht, dass Sie einen Stellvertreter schicken; er will *Sie*. Er lädt *Sie* ein, in seiner Herrlichkeit zu verweilen. Er lädt *Sie* ein, die Berührung seiner Hand zu fühlen. Er lädt *Sie* zum Festmahl an seinen Tisch ein. Er will mit *Ihnen* Zeit verbringen. Und mit etwas Übung kann Ihre Zeit mit Gott zum Höhepunkt Ihres Tages werden.

Ein Freund von mir ist mit einer Opernsängerin verheiratet. Sie liebt Konzerte. Sie studierte Musik, und ihre frühesten Erinnerungen drehen sich um Klaviertastaturen und Chöre. Er dagegen mag eher Fußballabende und Country-Musik. Aber er liebt seine Frau, und so geht er ab und zu in die Oper. Die beiden sitzen nebeneinander im Saal und hören dieselbe Musik, doch ihre Reaktionen sind völlig unterschiedlich. Er schläft, und sie vergießt Tränen.

Ich glaube, der Unterschied ist nicht nur eine Geschmackssache. Er liegt auch in der Ausbildung. In unzähligen Stunden hat sie gelernt, an der Kunst der Musik Gefallen zu finden. Er hat keinerlei musikalische Ausbildung. Ihre Ohren sind hoch empfindlich. Er erkennt nicht einmal den Unterschied zwischen *staccato* und *legato*. Aber er bemüht sich. Als wir das letzte Mal über Konzerte sprachen, erzählte er mir, dass er es fertigbringt, wach zu bleiben. Wahrscheinlich wird er nie das gleiche Gehör wie seine Frau haben, aber mit der Zeit lernt er, zuzuhören und an der Musik Gefallen zu finden.

Zuhören lernen

Ich glaube, wir können das Zuhören lernen. Mit den richtigen Werkzeugen können wir lernen, auf Gott zu hören. Welches sind diese Werkzeuge? Hier sind einige, die ich für hilfreich halte.

Gleiche Zeit und gleicher Ort. Wählen Sie eine bestimmte Zeit in Ihrem Tagesablauf und eine Ecke in Ihrer Umgebung aus und beanspruchen Sie diese für Gott. Bei manchen ist vielleicht der Vormittag die geeignete Zeit. »Am Morgen möge dir mein Gebet begegnen« (Ps 88,14; Elb). Anderen ist der Abend lieber, und ich kann nur in Davids Gebet einstimmen: »Nimm mein Gebet ... als ein Abendopfer« (Ps 141,2). Manche sitzen unter einem Baum, andere in der Küche. Vielleicht ist bei Ihnen die Fahrt zur Arbeit oder die Mittagspause richtig. Finden Sie eine Zeit und einen Ort, die für Sie zweckmäßig sind.

Wie viel Zeit sollten Sie sich nehmen? So viel Sie brauchen. Ihre Zeit mit Gott sollte so lange sein, dass Sie sagen können, was Sie wollen, und dass Gott sagen kann, was er will. Was uns zum zweiten Werkzeug, das Sie brauchen, führt – *einer geöffneten Bibel.*

Gott spricht zu uns durch sein Wort. Der erste Schritt beim Bibellesen besteht darin, Gott zu bitten, dass er Ihnen hilft, die Bibel zu verstehen. »Doch wenn der Vater den Ratgeber als meinen Stellvertreter schickt – und damit meine ich den Heiligen Geist –, wird er euch alles lehren und euch an alles erinnern, was ich euch gesagt habe« (Joh 14,26).

Beten Sie, bevor Sie in der Bibel lesen. Suchen Sie darin nicht nach Ihren eigenen Gedanken, forschen Sie vielmehr nach den Gedanken Gottes. Lesen Sie die Bibel betend. Lesen Sie die Bibel aufmerksam. Jesus sagte: »Sucht, und ihr werdet finden« (Mt 7,7). Gott lobt den Menschen, der »denkt über sein Gesetz Tag und Nacht« (Ps 1,2). Die Bibel ist keine Zeitung, die man überfliegt, sondern sie gleicht eher einem Bergwerk, in dem man wie in einer Fundgrube Schätze hebt. »Suche sie, wie du nach Silber suchen oder nach verborgenen Schätzen forschen würdest. Dann wirst du verstehen, was es heißt, den Herrn zu achten, und wirst die Erkenntnis Gottes gewinnen« (Spr 2,4-5).

Hier ein praktischer Hinweis. Befassen Sie sich jeweils nur mit einem kürzeren Bibelabschnitt. Offensichtlich schickt Gott Botschaften so, wie er das Manna geschenkt hat: jedes Mal nur die Ration für einen Tag. Er gibt »mal hier mal dort« (Jes 28,10). Befassen Sie sich lieber intensiv mit einem kurzen Text als oberflächlich mit mehreren Kapiteln. Lesen Sie, bis ein Vers Sie »trifft«, dann halten Sie an und denken über ihn nach. Notieren Sie den Vers auf ein Blatt Papier oder schreiben Sie ihn in Ihr Notizbuch und denken Sie mehrmals über ihn nach.

An dem Morgen, zum Beispiel, als ich dieses Kapitel schrieb, befasste ich mich in meiner Stillen Zeit mit Matthäus 18. Ich las nur vier Verse, bis ich auf diese Aussage stieß: »*Wer nun sich selbst erniedrigt und wird wie dies Kind, der ist der Größte im Himmelreich.*« Ich brauchte nicht weiterzulesen. Ich schrieb diese Worte in mein Notizbuch und überdachte sie immer wieder im Lauf des Tages. Mehrmals fragte ich Gott: »Wie kann ich wie ein Kind werden?« Am Ende des Tages wurde mir klar, dass ich oft hetze und mir beim geringsten Anlass Sorgen mache.

Werde ich lernen, was Gott mir sagen will? Ja, wenn ich höre.

Lassen Sie nicht den Mut sinken, wenn bei Ihrem Lesen nicht viel herauskommt. An manchen Tagen brauchen wir lediglich eine kleinere Portion. Ein kleines Mädchen kam von ihrem ersten Schultag nach Hause. Die Mutter fragte: »Hast du etwas gelernt?« »Ich glaube nicht«, antwortete das Mädchen. »Ich muss morgen wieder hin und auch übermorgen und überübermorgen ...«

So ist es mit dem Lernen. Und so ist es auch mit dem Bibellesen. <u>Das Verstehen kommt Schritt für Schritt, und es ist ein lebenslanger Vorgang.</u>

Ein drittes Werkzeug ist vonnöten, damit die Zeit mit Gott gewinnbringend wird. Wir brauchen nicht nur eine regelmäßige Zeit und eine offene Bibel, wir brauchen auch ein *hörendes Herz*. Vergessen Sie nicht die Ermahnung des Jakobus: »Wer aber ständig auf das vollkommene Gesetz Gottes achtet – das Gesetz, das uns frei macht – und befolgt, was es sagt, und nicht vergisst, was er gehört hat, den wird Gott segnen« (Jak 1,25).

Wir wissen, dass wir auf Gott hören, wenn andere in unserem Leben sehen, was wir in der Bibel lesen. Vielleicht haben Sie die Geschichte von dem einfältigen Mann gehört, der eine Reklame für eine Kreuzfahrt sah. Im Schaufenster einer Reiseagentur hing ein Schild mit der Ankündigung: »Kreuzfahrt – 100 Dollar bar.«

Ich habe hundert Dollar, dachte er. *Und ich möchte eine Kreuzfahrt machen.* Also trat er ein und äußerte seinen Wunsch. Der Mann hinter dem Schreibtisch verlangte das Geld. Als er hundert Dollar hingelegt hatte, erhielt er einen Schlag auf den Kopf und verlor die Besinnung. Als er wieder zu sich kam, trieb er in einem Fass den Fluss hinunter. Ein anderer trieb in einem anderen Fass an ihm vorbei und fragte: »Sag mal, gibt es bei dieser Kreuzfahrt auch Mittagessen?« Der einfältige Mann antwortete: »Letztes Jahr gab es keines.«

Zugegeben, es kommt vor, dass man etwas nicht weiß. Es gibt jedoch einen großen Unterschied zwischen nicht wissen und nicht dazulernen. Paulus drängte seine Leser dazu, das, was sie von ihm gelernt hatten, in die Praxis umzusetzen. »Hört nicht auf, das zu tun, was ihr von mir gelernt und gehört habt und was ihr bei mir gesehen habt« (Phil 4,9).

Wenn Sie wie Jesus sein wollen, dann müssen Sie dafür sorgen, dass Gott Sie erreicht. <u>Verbringen Sie so viel Zeit mit Hören auf ihn, bis Sie Ihre Lektion für den Tag erhalten haben – und dann setzen Sie in die Praxis um, was Sie gehört haben.</u>

Ich habe eine andere Frage zur Überprüfung Ihres Gehörs. Lesen Sie weiter und stellen Sie fest, wie gut Sie hören.

Wann durfte Gott Sie das letzte Mal lieben?

Als meine Töchter noch klein waren, rief ich ihre Namen, wenn ich von der Arbeit nach Hause kam, und sie rannten mir mit ausgebreiteten Armen und vor Freude quietschend entgegen. Die nächsten paar Augenblicke waren der Sprache der Liebe vorbehalten. Wir wälzten uns auf dem Fußboden, drückten und kitzelten uns, lachten und spielten.

Wir freuten uns aneinander. Sie stellten keine Ansprüche an mich außer »Spielen wir, Papa.« Und ich stellte keine Forderungen an sie außer »Schlagt Papa nicht mit dem Hammer.«

Meine Kinder ließen es zu, dass ich sie liebte.

Aber nehmen wir einmal an, meine Töchter wären so auf mich zugekommen, wie wir oft an Gott herantreten. »Hallo, Papa. Gut, dass du da bist. Ich will Folgendes: mehr Spielsachen und mehr Bonbons. Und können wir im Sommer ins Disneyland fahren?«

»Stop«, hätte ich wohl gesagt. »Ich bin kein Kellner, und wir sind in keinem Restaurant. Ich bin euer Vater, und das ist unser Zuhause. Warum kletterst du nicht einfach auf Papas Schoß und lässt mir zu dir sagen, wie sehr ich dich liebe?«

Haben Sie schon einmal daran gedacht, dass Gott vielleicht das Gleiche mit Ihnen tun möchte? *Oh, zu mir würde er das nicht sagen.* Wirklich nicht? Zu wem sprach er, als er sagte: »Ich habe dich schon immer geliebt« (Jer 31,3)? Machte er Spaß, als er sagte: »Nichts und niemand in der ganzen Schöpfung kann uns von der Liebe Gottes trennen« (Röm 8,39)? Vergraben in den selten durchforschten Fundgruben der kleineren Propheten finden wir dieses Juwel:

> Der Herr, dein starker Gott, der Retter, ist bei dir. Begeistert freut er sich an dir. Vor Liebe ist er sprachlos ergriffen und jauchzt doch mit lauten Jubelrufen über dich. (Zef 3,17)

Gehen Sie nicht zu schnell über diesen Vers hinweg. Lesen Sie ihn noch einmal und machen Sie sich auf eine Überraschung gefasst.

Achten Sie darauf, wer aktiv und wer passiv ist. Wer freut sich? Wer jauchzt fröhlich über den, den er liebt?

Wir denken oft, dass wir jauchzen und dass Gott »bejauchzt« wird. Sicherlich ist das oft der Fall. Aber offensichtlich gibt es Zeiten, in denen Gott möchte, dass wir still sind, und (welch verblüffender Gedanke!) er über uns jauchzen will.

Ich kann mir vorstellen, dass Sie jetzt unruhig hin und her rutschen und sagen, dass Sie solcher Zuneigung nicht würdig sind. Judas war es auch nicht, und doch wusch Jesus seine Füße. Petrus war es auch nicht, und doch bereitete Jesus ihm ein Frühstück. Auch die Emmausjünger waren es nicht, und doch nahm sich Jesus die Zeit, sich zu ihnen an den Tisch zu setzen.

Außerdem, wer sind wir denn, dass wir bestimmen wollen, ob wir würdig sind? Unsere Aufgabe besteht einfach darin, lange genug stille zu sein, dass er uns erreichen und uns seine Liebe zeigen kann.

Hören Sie die Musik?

Zum Schluss möchte ich Ihnen eine Geschichte erzählen, die Sie schon gehört haben, obwohl Sie sie nicht so hören, wie ich sie erzählen werde. Aber Sie haben sie schon gehört. Ganz bestimmt, denn Sie spielen dabei mit. Sie sind eine der handelnden Personen. Es ist die Geschichte von den Tänzern, die keine Musik hatten.

Können Sie sich vorstellen, wie schwer das ist? Ohne Musik zu tanzen? Tag um Tag kamen sie in den großen Festsaal. Ganze Familien kamen, Männer, Frauen und Kinder. Sie brachten ihre Hoffnungen mit. Sie kamen, um zu tanzen.

Der Saal war zum Tanz vorbereitet, mit Girlanden geschmückt. Getränke wurden gereicht, Stühle an die Wand gestellt. Die Leute kamen, setzten sich hin und wussten, dass sie zum Tanzen gekommen waren, aber sie wussten nicht, wie sie tanzen sollten, weil sie keine Musik hatten. Es gab Luftballons und Kuchen.

Sie hatten sogar eine Bühne, auf der die Musiker spielen konnten, aber es gab keine Musiker.

Einmal behauptete ein schlaksiger Mann, Musiker zu sein. Mit seinem Bart bis zum Bauch und seiner prächtigen Geige sah er gewiss so aus. Alle standen auf, als er vor ihnen stand und die Geige aus dem Kasten nahm und unter sein Kinn klemmte. *Jetzt werden wir tanzen,* dachten sie, aber sie irrten sich. Er hatte zwar eine Geige, aber die Geige hatte keine Saiten. Das Auf und Ab seines Bogens klang wie das Quietschen einer nicht geölten Tür. Wer konnte da schon tanzen? Also setzten sich die Tänzer wieder hin.

Einige versuchten, ohne Musik zu tanzen. Eine Frau überredete ihren Mann, es zu versuchen, und sie traten auf die Tanzfläche. Sie tanzte nach ihrer Weise, und er tanzte nach seiner Weise. Ihre Bemühungen waren lobenswert, aber sie passten nicht zusammen. Er tanzte eine Art partnerlosen Tango, während sie sich wie eine Ballerina drehte. Einige versuchten, es ihnen gleichzutun, aber da niemand den Takt angab, wussten sie nicht, wonach sie sich richten sollten. Das Ergebnis war etwa ein Dutzend Tänzer ohne Musik, die einander anrempelten, sodass sich immer wieder Beobachter hinter einem Stuhl in Sicherheit bringen mussten.

Mit der Zeit jedoch hatten die Tänzer keine Lust mehr. Jeder setzte sich wieder, starrte vor sich hin und fragte sich, ob noch irgendetwas geschehen würde. Und eines Tages geschah etwas.

Nur wenige sahen ihn hereinkommen. Nichts an seinem Äußeren erregte Aufmerksamkeit. Er sah ganz normal aus, aber seine Musik war einzigartig. Er begann, ein Lied zu singen, sanft und zart, freundlich und unwiderstehlich. Sein Lied brachte die kalte Atmosphäre zum Verschwinden und erwärmte die Herzen wie ein goldener Sonnenuntergang im Sommer.

Während er sang, standen zunächst wenige, dann immer mehr Menschen auf und begannen zu tanzen. Miteinander. Sie glitten tanzend nach einer Musik dahin, die sie vorher noch nie gehört hatten.

Einige jedoch blieben sitzen. Welcher Musiker ist das, der nie auf die Bühne steigt, der keine Musikkapelle mitbringt, der keine besondere Kleidung trägt? Musiker kommen nicht einfach von der Straße herein. Sie haben ihre Eskorte, einen Ruf, eine Persönlichkeit, die ins Licht gestellt und geschützt werden muss. Nun, der da hatte kaum seinen Namen genannt!

»Wie können wir wissen, dass das, was du singst, wirklich Musik ist?«, fragten sie herausfordernd.

Seine Antwort traf den Nagel auf den Kopf: »Wer Ohren hat, der höre.«

Doch die Nichttänzer weigerten sich zu hören. Sie weigerten sich zu tanzen. Manche weigern sich immer noch. Der Musiker kommt und singt. Einige tanzen. Andere nicht. Einige finden die Musik fürs Leben, andere leben im Schweigen. Der Musiker richtet denselben Aufruf an die Menschen, die die Musik nicht hören: »Wer Ohren hat, der höre.«

Eine regelmäßige Zeit.
Eine offene Bibel.
Ein offenes Herz.

Erlauben Sie es Gott, Sie zu erreichen, und lassen Sie zu, dass er Sie liebt – und seien Sie nicht erstaunt, wenn Ihr Herz beginnt, Musik zu hören, die Sie nie zuvor gehört haben, und wenn Ihre Füße tanzen lernen wie nie zuvor.

*Ich lebe in ihnen und du in mir,
damit sie alle zur Einheit vollendet werden.
Dann wird die Welt wissen,
dass du mich gesandt hast,
und wird begreifen, dass du sie liebst,
wie du mich liebst.*

Johannes 17,23

Kapitel 5

Geführt von einer unsichtbaren Hand

Ein von Gott berauschtes Herz

Welch herrlicher Tag, wenn wir aufhören, für Gott zu arbeiten, und beginnen, mit Gott zu arbeiten. (Lesen Sie diesen Satz ruhig noch einmal.)

Jahrelang betrachtete ich Gott wie einen mitfühlenden Generaldirektor und mich wie seinen treuen Handelsvertreter. Er hatte sein Büro, und ich hatte mein Gebiet. Sooft ich wollte, konnte ich mit ihm Kontakt aufnehmen. Jederzeit konnte ich ihn anrufen oder ihm ein Fax schicken. Er ermutigte mich, leistete Nacharbeit und unterstützte mich, aber er ging nicht mit mir. Wenigstens dachte ich, dass er nicht mit mir ging. Dann las ich 2. Korinther 6,1: Wir sind »Gottes Mitarbeiter«.

Mitarbeiter? Kollegen? Gott und ich arbeiten zusammen? Stellen Sie sich vor, zu welchem Paradigmawechsel diese Tatsache führt. Anstatt Gott unterstellt zu sein, arbeiten wir *mit* Gott zusammen. Anstatt sich bei Gott zu melden und dann wegzugehen, melden wir uns bei ihm und folgen ihm. Wir sind immer bei Gott. Wir verlassen die Kirche nie. Es gibt keinen Augenblick, der nicht geheiligt ist! Seine Gegenwart besteht immer fort. Unsere Gewissheit seiner Gegenwart gerät vielleicht ins Wanken, aber die Tatsache seiner Gegenwart ändert sich nie.

Das bringt mich zu einer wesentlichen Frage: Wenn Gott ständig anwesend ist, kann man dann fortwährend mit ihm Gemeinschaft haben? Im letzten Kapitel sprachen wir darüber, wie wichtig es ist, jeden Tag eine bestimmte Zeit mit Gott zu verbringen. Gehen wir in Gedanken einen Schritt, einen Riesenschritt weiter. Was wäre, wenn unsere tägliche Gemeinschaft nie aufhören würde? Ist es denkbar – *Minute um Minute* – in der Gegenwart Gottes zu leben? Ist solch eine enge Beziehung überhaupt möglich? Ein Mann, der mit diesen Fragen rang, schrieb:

> Können wir allezeit eine solche Verbindung mit Gott haben? Die ganze Zeit, in der wir wach sind, dann in seinen Armen einschlafen, in seiner Gegenwart aufwachen? Können wir das erreichen? Können wir immer seinen Willen tun? Können wir die ganze Zeit über seine Gedanken denken?... Kann ich alle paar Sekunden den Herrn in meine Gedankenflüge zurückholen, damit Gott immer in meinem Gedächtnis bleibt? Der Rest meines Lebens soll dem Experiment gewidmet sein, eine Antwort auf diese Frage zu finden.[8]

Diese Worte lesen wir im Tagebuch von Frank Laubach. Er wurde 1884 in den Vereinigten Staaten geboren und war ein Missionar für Analphabeten. Er lehrte sie das Lesen, damit sie die Schönheit der Heiligen Schrift kennenlernen konnten. Was mich jedoch an diesem Mann fasziniert, ist nicht seine Lehrtätigkeit. Ich bin fasziniert von seinem Hören. Mit seinem geistlichen Leben unbefriedigt beschloss Laubach im Alter von fünfundvierzig Jahren, in »ständigem innerem Gespräch mit Gott und in vollkommenem Gehorsam gegenüber seinem Willen« zu leben.[9]

In seinem Tagebuch zeichnete er dieses Experiment auf, das am 30. Januar 1930 begann. Laubachs Worte haben mich so sehr angesprochen, dass ich einige grundlegende Abschnitte hier wiedergebe. Denken Sie beim Lesen daran, dass sie nicht von einem Mönch in einem Kloster niedergeschrieben wurden, sondern von einem viel beschäftigten, engagierten Pädagogen. Als Laubach 1970 starb, waren seine Lehrmethoden fast in der ganzen Welt bekannt. Er war in weiten Kreisen geachtet. Sein Herzenswunsch war jedoch nicht Anerkennung, sondern eine ununterbrochene Gemeinschaft mit dem Vater.

26. Januar 1930: Durch einen Willensakt fühle ich Gott bei jeder Bewegung. Ich will, dass er diese Finger lenkt,

die jetzt die Tasten dieser Schreibmaschine anschlagen. Ich will, dass er durch meine Schritte strömt, wenn ich gehe.

1. März 1930: Jeden Tag wird das Gefühl in mir stärker, dass ich von einer unsichtbaren Hand geführt werde, während die andere Hand nach vorne greift und den Weg bereitet... manchmal dauert es frühmorgens lange, bis es soweit ist. Ich beschließe, nicht eher aufzustehen, bis mein Sinn wirklich auf den Herrn ausgerichtet ist.

18. April 1930: Ich habe etwas Spannendes an der Gemeinschaft mit Gott entdeckt, das mir alles zuwider macht, was mit Gott unvereinbar ist. Heute Nachmittag hat mich das Erfülltsein mit Gott mit solcher Freude durchströmt, dass ich dachte, so etwas noch nie gekannt zu haben. Gott war so nahe und so ohnegleichen liebevoll, dass mich eine seltsam glückselige Zufriedenheit geradezu durchflutete. Nach diesem Erleben, das ich jetzt mehrmals in der Woche habe, stößt mich das Erregende an Schmutz ab, denn ich kenne seine Macht, mich von Gott wegzuziehen. Nach einer Stunde enger Freundschaft mit Gott fühlt sich meine Seele so sauber wie frisch gefallener Schnee.

14. Mai 1930: Diese ständige Verbindung mit Gott, dass er der Mittelpunkt meiner Gedanken und mein Gesprächspartner ist, das ist das Erstaunlichste, das mir je begegnet ist. Es funktioniert. Ich schaffe es nicht einmal einen halben Tag lang – noch nicht. Aber ich glaube, eines Tages schaffe ich es den ganzen Tag lang. Es geht darum, sich an eine neue Denkweise zu gewöhnen.

24. Mai 1930: Diese Konzentration auf Gott ist anstrengend, aber alles andere hat aufgehört, anstrengend zu sein. Ich denke klarer, vergesse weniger. Dinge, die mir früher Kraftanstrengungen abforderten, erledige ich jetzt leicht und mühelos. Ich mache mir keine Sorgen und habe keine

schlaflosen Nächte mehr. Meistens fühle ich mich wie im siebten Himmel. Sogar im Spiegel erkenne ich ein neues Leuchten in meinen Augen und auf meinem Gesicht. Ich fühle mich überhaupt nicht mehr gehetzt. Alles klappt. Ich sehe jeder Minute ruhig entgegen, so als sei sie nicht wichtig. Nichts kann schiefgehen, außer einer Sache. Ich könnte Gott aus dem Gedächtnis verlieren.

1. Juni 1930: O Gott, welch neue Nähe bringt dies für dich und mich, zu erkennen, dass du alleine mich verstehen kannst, denn du alleine weißt alles! Du bist kein Fremder mehr, Gott! Du bist das einzige Wesen im Universum, das nicht zumindest teilweise ein Fremder ist! Du bist die ganze Zeit in mir – hier... Ich werde heute und morgen wie nie zuvor darum kämpfen, dich nie und nimmer aus meinen Gedanken zu verbannen. Denn wenn ich dich eine Stunde lang verliere, verliere ich. Das, was du tun kannst, kann nur dann geschehen, wenn du die ganze Zeit die unumschränkte Herrschaft hast. Letzten Montag war der bisher erfolgreichste Tag meines Lebens, was die vollständige, ununterbrochene Hingabe an Gott betrifft... Ich erinnere mich, wie ich Menschen mit der Liebe, die Gott gab, anschaute; sie schauten zurück und handelten, als wollten sie mit mir gehen. Ich fühlte dann, dass ich einen Tag lang ein wenig von dieser wunderbaren Anziehungskraft erlebte, die Jesus besaß, als er die Straße entlangging, Tag für Tag »von Gott berauscht« und strahlend, dank der unendlichen Gemeinschaft seiner Seele mit Gott.[10]

Was halten Sie von Frank Laubachs Abenteuer? Wie würden Sie seine Fragen beantworten? *Können wir allezeit eine solche Verbindung mit Gott haben? Die ganze Zeit, in der wir wach sind, dann in seinen Armen einschlafen, in seiner Gegenwart aufwachen? Können wir das erreichen?*

Ist eine solche Zielsetzung realistisch? Ist sie im Bereich des Möglichen? Oder denken Sie, dass der Gedanke einer immerwährenden

Gemeinschaft mit Gott ein bisschen fanatisch oder gar überspannt ist? Was Sie auch über Laubachs Abenteuer denken, Sie müssen ihm zustimmen, wenn er sagt, dass Jesus die ununterbrochene Gemeinschaft mit Gott genossen hat. Und wenn wir wie Jesus sein wollen, dann werden wir bestrebt sein, das Gleiche zu tun.

Gottes Übersetzer

Jesu Beziehung zu Gott ging viel tiefer als nur eine tägliche Verabredung. Unser Heiland war sich immer der Gegenwart seines Vaters bewusst. Hören Sie diese Worte:

> Der Sohn kann nichts aus sich heraus tun. Er tut nur, was er den Vater tun sieht. Was immer der Vater tut, das tut auch der Sohn. (Joh 5,19)

> Doch ich tue nichts, ohne den Vater zu fragen, sondern richte, wie er mir rät. (Joh 5,30)

> Glaubt doch, dass ich im Vater bin und der Vater in mir ist. (Joh 14,11)

Jesus handelte nicht, wenn er nicht den Vater handeln sah. Er richtete nicht, bis er seinen Vater richten hörte. Keine Handlung und keine Tat geschahen ohne die Führung des Vaters. Seine Worte sind die eines Übersetzers.

Einige Male fungierte ich in Brasilien als Übersetzer für einen englischsprachigen Redner. Er stand vor den Zuhörern mit seiner Botschaft. Ich stand neben ihm und besaß die Sprache. Meine Aufgabe bestand darin, seine Worte den Zuhörern zu übermitteln. Ich tat mein Bestes, damit seine Worte durch mich hindurchdringen konnten. Ich hatte nicht die Freiheit, etwas zu beschönigen oder wegzulassen. Wenn der Sprecher gestikulierte, gestikulierte ich auch. Wenn er lauter wurde, wurde ich auch lauter. Wenn er leise wurde, wurde ich es auch.

Als Jesus auf dieser Erde lebte, »übersetzte« er die ganze Zeit über Gott. Wenn Gott lauter wurde, wurde Jesus lauter. Wenn Gott gestikulierte, gestikulierte Jesus. Er war so sehr im Einklang mit seinem Vater, dass er erklären konnte: »Ich bin im Vater und der Vater ist in mir« (Joh 14,11). Es war, als hörte er eine Stimme, die andere nicht hörten.

Ich erlebte einmal etwas Ähnliches in einem Flugzeug. Immer wieder hörte ich lautes Lachen. Der Flug war turbulent und böig, es gab wirklich keinen Anlass für Heiterkeit. Aber ein Mann hinter mir lachte aus vollem Hals. Niemand sonst, nur er. Schließlich drehte ich mich um, um zu sehen, was ihn so belustigte. Er hatte Kopfhörer auf und hörte offensichtlich etwas Spaßiges. Da er etwas hören konnte, was ich nicht hörte, handelte er anders als ich.

Das traf auch auf Jesus zu. Da er hören konnte, was andere nicht hörten, handelte er anders als sie. Erinnern Sie sich an den blinden Mann, bei dem alle ratlos waren? Jesus war nicht ratlos. Irgendwie wusste er, dass die Blindheit dazu dienen würde, Gottes Macht zu offenbaren (Joh 9,3). Erinnern Sie sich, wie alle durch Lazarus' Krankheit beunruhigt waren? Jesus blieb gelassen. Anstatt an das Krankenbett seines Freundes zu eilen, sagte er: »Lazarus' Krankheit wird nicht zum Tode führen; sie dient vielmehr der Verherrlichung Gottes. Der Sohn Gottes wird durch sie verherrlicht werden« (Joh 11,4). Es war, als könne Jesus etwas hören, was sonst niemand hörte. Kann es eine innigere Verbundenheit geben? Jesus hatte ununterbrochen Gemeinschaft mit seinem Vater.

Meinen Sie, dass der Vater sich das auch für uns wünscht? Ganz bestimmt. Paulus schreibt, Gott hat uns dazu bestimmt, seinem Sohn gleich zu werden (siehe Röm 8,29). Bitte vergessen Sie nicht: Gott liebt Sie so, wie Sie sind, aber er will Sie auf keinen Fall so lassen, wie Sie sind. Er möchte, dass Sie so werden wie Jesus. Gott wünscht sich mit Ihnen die gleiche andauernde Verbundenheit, wie er sie mit seinem Sohn hatte.

Bilder einer innigen Verbundenheit

Gott beschreibt die Beziehung, die er anstrebt, in mehreren Bildern. Eines davon ist das Bild vom Weinstock und von den Reben.

> Ich bin der Weinstock; ihr seid die Reben. Wer in mir bleibt und ich in ihm, wird viel Frucht bringen. Denn getrennt von mir könnt ihr nichts tun...Doch wenn ihr mit mir verbunden bleibt und meine Worte in euch bleiben, könnt ihr bitten, um was ihr wollt, und es wird euch gewährt werden! (Joh 15,5.7)

Gott möchte uns so nahe sein wie die Rebe dem Weinstock. Die Rebe ist eine Verlängerung des Weinstocks. Man kann nicht sagen, wo das eine anfängt und das andere aufhört. Die Rebe ist nicht nur während der Zeit des Fruchttragens mit dem Weinstock verbunden. Der Gärtner bewahrt die Reben nicht in einer Schachtel auf und klebt sie an den Weinstock, wenn er Trauben haben möchte. Nein, die Rebe zieht andauernd Nahrung aus dem Weinstock. Eine Trennung bedeutet den sicheren Tod.

Gott benutzt auch das Bild vom Tempel, um die enge Verbundenheit zu beschreiben, die er anstrebt. »Oder wisst ihr nicht, dass euer Leib ein Tempel des Heiligen Geistes in euch ist, der in euch lebt und euch von Gott geschenkt wurde? Ihr gehört nicht euch selbst« (1. Kor 6,19). Bleiben wir einen Augenblick beim Tempel. War Gott ein Besucher oder ein Bewohner von Salomos Tempel? War er nur gelegentlich oder ununterbrochen dort? Sie kennen die Antwort. Es war nicht so, dass Gott kam und ging, erschien und verschwand. Er war ständig da, war immer zugänglich.

Welch unglaublich gute Nachricht für uns! Wir sind NIE von Gott getrennt! Er ist NIE fern von uns – nicht einen Augenblick lang. Gott kommt nicht am Sonntagmorgen zu uns, um uns am Sonntagnachmittag wieder zu verlassen. Er bleibt in uns, ist ständig in unserem Leben zur Stelle.

Das biblische Sinnbild der Ehe ist das dritte Bild für diese ermutigende Wahrheit. Sind wir nicht die Braut Christi (Offb 21,2)? Sind wir nicht mit ihm vereint (Rom 6,5)? Haben wir ihm nicht Gelübde abgelegt, und hat er uns nicht Gelübde abgelegt?

Was sagt unsere »Eheschließung« mit Jesus über seinen Wunsch, mit uns Gespräche zu führen? Zunächst ist festzuhalten, dass der Gedankenaustausch nie aufhört. In einem glücklichen Zuhause spricht der Mann nicht nur dann mit seiner Frau, wenn er etwas von ihr will. Er kommt nicht nur kurz herein, wenn er ein gutes Essen oder ein sauberes Hemd oder ein bisschen Zärtlichkeit will. Wenn das so ist, dann ist es kein Zuhause – dann ist es ein Bordell, in dem auch Essen serviert und saubere Kleidung angeboten wird.

Zu einer gesunden Ehe gehört das Gefühl des »Bleibens«. Der Mann bleibt in der Frau, und die Frau bleibt im Mann. Ihre Beziehung ist von Zärtlichkeit, Ehrlichkeit und einem fortdauernden Gedankenaustausch geprägt. Das gilt auch für unsere Beziehung zu Gott. Manchmal kommen wir mit unserer Freude zu ihm, manchmal mit unserem Kummer, aber wir kommen immer zu ihm. Und wenn wir zu ihm kommen, ja, je öfter wir zu ihm kommen, um so ähnlicher werden wir ihm. Paulus sagt: »Der Geist des Herrn wirkt in uns, sodass wir ihm immer ähnlicher werden und immer stärker seine Herrlichkeit widerspiegeln« (2. Kor 3,18).

Menschen, die lange Jahre zusammenleben, werden einander ähnlich, sprechen, ja denken allmählich gleich. Wenn wir mit Gott leben, nehmen wir seine Gedanken, seine Grundsätze, seine Haltungen an. Wir nehmen sein Herz an.

Und wie in einer Ehe ist der Gedankenaustausch mit Gott keine Last. Er macht vielmehr Freude. »Wie herrlich sind deine Wohnungen, allmächtiger Herr. Ich sehne mich, ja ich vergehe vor Sehnsucht, die Vorhöfe des Herrn zu betreten, wo ich den lebendigen Gott mit frohem Herzen anbeten will« (Ps 84,2-3). Die Gemeinschaft ist unvergleichlich wohltuend. Laubach schrieb:

> Es ist mein Anliegen, in das Angesicht Gottes zu schauen, bis ich vor Wonne Schmerzen empfinde ... Die Gegenwart des Herrn ist mir jetzt so angenehm, dass ich den Eindruck habe, ich hätte ihn verlassen und ich hätte etwas sehr Wertvolles in meinem Leben verloren, wenn ich ihn etwa eine halbe Stunde aus dem Gedächtnis verliere, was oft am Tag vorkommt. (3. März 1931; 14. Mai 1930)[11]

Können wir noch ein letztes Bild aus der Bibel betrachten? Wie wäre es mit dem Bild von den Schafen und dem Hirten? Oft werden wir in der Heiligen Schrift die Herde Gottes genannt. »Er hat uns erschaffen ... Wir sind sein Volk, die Schafe seiner Weide« (Ps 100,3). Auch wer sich nicht mit Schafen auskennt, weiß, dass ein Hirte seine Herde nie verlässt. Wenn wir sehen, dass uns eine Schafherde entgegenkommt, wissen wir, dass der Hirte nicht weit ist. Wenn wir einen Christen vor uns sehen, wissen wir das Gleiche. Der Gute Hirte verlässt seine Schafe nie. »Auch wenn ich durch das dunkle Tal des Todes gehe, fürchte ich mich nicht, denn du bist an meiner Seite« (Ps 23,4).

Gott ist Ihnen so nahe wie der Weinstock den Reben, so gegenwärtig in Ihnen, wie er im Tempel war, in so vertrauter Beziehung zu Ihnen wie ein Mann mit seiner Frau, und er tut alles für Sie, wie ein Hirte alles für seine Schafe tut.

Gott möchte Ihnen so nahe sein, wie er Christus nahe war – so nahe, dass er buchstäblich durch Sie hindurch sprechen kann und Sie nur noch übersetzen müssen; so nahe, dass das Hinhören auf ihn so leicht ist wie Kopfhörer aufzusetzen; so nahe, dass Sie seine Stimme hören und lächeln, wenn andere den Sturm wahrnehmen und sich sorgen. König David beschrieb diese vertrauteste aller Beziehungen so:

> Herr, du hast mein Herz geprüft und weißt alles über mich. Wenn ich sitze oder wenn ich aufstehe, du weißt es. Du kennst alle meine Gedanken. Wenn ich gehe oder wenn ich ausruhe, du siehst es und bist mit allem, was ich tue, vertraut. Und du, Herr, weißt, was ich sagen möchte, noch bevor ich es ausspre-

che. Du bist vor mir und hinter mir und legst deine schützende Hand auf mich. Dieses Wissen ist zu wunderbar für mich, zu groß, als dass ich es begreifen könnte! (Ps 139,1-6)

David war nicht der einzige Verfasser der Bibel, der darauf hinwies, dass die Gegenwart Gottes allezeit wahrgenommen werden kann. Überdenken Sie diese knappen Aussagen aus der Feder von Paulus, mit denen er uns ermahnt, nie von der Seite unseres Herrn zu weichen.

> Hört nicht auf zu beten. (1. Thess 5,17)

> Hört niemals auf zu beten. (Röm 12,12)

> Betet immer und in jeder Situation mit der Kraft des Heiligen Geistes. (Eph 6,18)

> Hört nicht auf zu beten. (Kol 4,2)

> Sorgt euch um nichts, sondern betet um alles. (Phil 4,6)

Kommt Ihnen dies bedrückend und kompliziert vor? Denken Sie: *Das Leben ist schon schwierig genug. Warum noch das?* Wenn ja, dann vergessen Sie nicht, dass Gott Lasten abnimmt und nicht Lasten aufbürdet. Gott beabsichtigt, dass Gebet ohne Unterlass Ihre Last erleichtert – nicht erschwert.

Je mehr wir die Bibel durcharbeiten, umso mehr erkennen wir, dass fortwährende Gemeinschaft mit Gott das Ziel und nicht die Ausnahme ist. Die nie endende Gegenwart Gottes ist für *jeden* Christen erreichbar.

In der Gegenwart Gottes leben

Wie kann ich konkret in der Gegenwart Gottes leben? Wie entdecke ich seine unsichtbare Hand auf meiner Schulter, wie vernehme ich seine unhörbare Stimme in meinem Ohr? Ein Schaf wird mit der Stimme des Hirten vertraut. Wie können Sie und ich mit der Stimme Gottes vertraut werden? Hier einige Anregungen:

Schenken Sie Gott Ihre Gedanken am Morgen. Treten Sie vor Gott, bevor Sie den Tag in Angriff nehmen. Treten Sie in seine Gegenwart, bevor Sie morgens aufstehen. Ich habe einen Freund, der es sich angewöhnt hat, aus dem Bett auf die Knie zu fallen und seinen Tag im Gebet zu beginnen. Ich persönlich komme nicht so weit. Wenn mein Kopf noch auf dem Kissen liegt und meine Augen noch geschlossen sind, schenke ich die ersten Sekunden meines Tages Gott. Das Gebet ist nicht lange und schon gar nicht feierlich. Und wenn ich nicht genug Schlaf bekommen habe, ist es vielleicht nicht einmal verständlich. Oft ist es nicht mehr als »Danke für die Ruhe der Nacht. Ich gehöre heute dir.«

C. S. Lewis schrieb: »Wenn Sie morgens aufwachen, ... fallen [all] Ihre Wünsche und Hoffnungen für den Tag wie wilde Tiere über Sie her. Und die erste Aufgabe eines jeden Morgens besteht darin, sie alle zurückzudrängen und auf jene leisere Stimme zu hören, jene andere Haltung einzunehmen, zuzulassen, dass jenes andere, größere, stärkere, ruhigere Leben Sie durchströmt.«[12]

Der Psalmist begann seinen Tag so: »Früh am Morgen trage ich dir meine Bitte vor und warte voll Ungeduld« (Ps 5,4). Was mich zu einer zweiten Anregung bringt:

Warten Sie auf das Reden Gottes. Verbringen Sie schweigend Zeit mit ihm. Ein reifes Ehepaar hat die Kostbarkeit gemeinsamen Schweigens kennengelernt; sie brauchen die Stille nicht mit ständigem Geplapper zu füllen. Es genügt ihnen, einfach zusammen zu sein. Versuchen Sie, vor Gott zu schweigen. »Seid stille und erkennet, dass ich Gott bin« (Ps 46,11; Luther). Das Spüren der Gegenwart Gottes ist eine Frucht der Stille vor Gott.

Don Rather fragte Mutter Teresa einmal: »Was sagen Sie zu Gott, wenn Sie beten?« Mutter Teresa antwortete leise: »Ich höre.«

Verblüfft versuchte Rather es noch einmal: »Nun, was sagt dann Gott?«

Mutter Teresa lächelte: »Er hört.«¹³

Schenken Sie Gott Ihre Gedanken. Durch die Jahrhunderte hindurch haben Christen den Wert kurzer Stoßgebete gelernt – Gebete, die überall, in jeder Umgebung, geflüstert werden können. Laubach suchte die ununterbrochene Gemeinschaft mit Gott, indem er ihm Fragen stellte. Alle zwei oder drei Minuten betete er: »Handle ich nach deinem Willen, Herr?« »Findest du Gefallen an mir, Herr?«

Im neunzehnten Jahrhundert machte sich ein russischer Mönch auf, in unaufhörlicher Gemeinschaft mit Gott zu leben. In einem Buch mit dem Titel *The Way of the Pilgrim (Der Weg des Pilgers)* erzählt er, wie er lernte, ständig ein einziges Gebet im Sinn zu haben: »Herr Jesus Christus, Sohn Gottes, habe Erbarmen mit mir Sünder.« Mit der Zeit wurde das Gebet so verinnerlicht, dass er es ständig betete, sogar wenn er bewusst mit etwas anderem beschäftigt war.

Stellen Sie sich vor, jeden Augenblick als eine mögliche Zeit der Gemeinschaft mit Gott zu betrachten. Am Ende Ihres Lebens werden Sie sechs Monate vor Verkehrsampeln verbracht haben, acht Monate damit, Reklamebriefe zu öffnen, eineinhalb Jahre damit, nach verlorenen Dingen zu suchen (bei mir ist diese Zahl zu verdoppeln), und geschlagene fünf Jahre mit Schlangestehen.¹⁴ Warum schenken Sie diese Augenblicke nicht Gott? Wenn Sie Gott Ihre leisen Gedanken schenken, wird das Gewöhnliche außergewöhnlich. Einfache Sätze wie »Danke, Vater«, »Sei Herr über diese Stunde, Gott«, »Du bist mein Ruhepunkt, Jesus«, können Ihre Fahrt zur Arbeit zu einer Pilgerfahrt machen. Sie müssen Ihr Büro nicht verlassen und brauchen nicht in Ihrer Küche niederzuknien. Beten Sie einfach da, wo Sie sind. Dann kann Ihre Küche zu einer Kathedrale und Ihr Klassenzimmer zu einem Gotteshaus werden. Schenken Sie Gott Ihre Gedanken.

Und schließlich, *schenken Sie Gott Ihre Gedanken am Abend.* Widmen Sie ihm Ihre Gedanken am Ende des Tages. Beschließen Sie den Tag, wie Sie ihn begonnen haben: im Gespräch mit Gott. Danken Sie ihm für alle guten Dinge. Stellen Sie ihm Fragen zu allem Schweren. Bitten Sie um seine Barmherzigkeit. Bitten Sie um seine Kraft. Und wenn Sie die Augen schließen, tun Sie es in der Gewissheit: »Siehe, der Israel behütet, wird nicht müde und schläft nicht« (Ps 121,4). Machen Sie sich keine Sorgen, wenn Sie beim Beten einschlafen. Gibt es etwas Besseres als in den Armen Ihres Vaters einzuschlafen?

*Von uns allen wurde der Schleier weggenommen,
sodass wir die Herrlichkeit des Herrn wie
in einem Spiegel sehen können. Und der Geist
des Herrn wirkt in uns, sodass wir ihm immer
ähnlicher werden und immer stärker seine
Herrlichkeit widerspiegeln.*

2. Korinther 3,18

Sein Gesicht leuchtete wie die Sonne.

Matthäus 17,2

Kapitel 6

Ein anderes Gesicht und ein Paar Flügel

Ein anbetendes Herz

Menschen in einem Flugzeug und Menschen in einer Kirchenbank haben viel gemeinsam. Sie alle befinden sich auf einer Reise. Die meisten benehmen sich anständig und sind ordentlich gekleidet. Manche dösen vor sich hin, andere starren aus dem Fenster. Die meisten, wenn nicht alle, geben sich mit einem vorhersehbaren Geschehen zufrieden. Für viele sind die Merkmale eines guten Fluges und die eines guten Gottesdienstes die gleichen. »Gut«, sagen wir oft. »Es war ein guter Flug/Es war ein guter Gottesdienst.« Wir gehen so heraus, wie wir hineingegangen sind, und kommen gerne das nächste Mal wieder.

Einige sind jedoch nicht mit »gut« zufrieden. Sie verlangen nach mehr. So etwa der Junge, der eben an mir vorbeiging. Ich hörte ihn, bevor ich ihn sah. Ich hatte schon auf meinem Sitz Platz genommen, als er fragte: »Lassen sie mich wirklich zum Piloten gehen?« Die Frage drang ins Cockpit, und der Pilot lehnte sich heraus. »Hat jemand nach mir gefragt?«, erkundigte er sich.

Die Hand des Jungen schoss hoch wie die eines Zweitklässlers, der eine Antwort auf die Frage seiner Lehrerin hat. »Ich!«

»Nun, komm herein.«

Nachdem seine Mutter genickt hatte, betrat der Junge das Cockpit mit all den Knöpfen, Schaltern und Messgeräten und kam nach wenigen Minuten mit großen Augen wieder heraus. »Oh!«, rief er. »Bin ich froh, dass ich mit diesem Flugzeug fliege!«

Auf keinem anderen Gesicht lag so viel Staunen. Das Interesse des Jungen hat mein Interesse geweckt, und so betrachtete ich die

Gesichter der anderen Passagiere, entdeckte aber keine derartige Begeisterung. Ich sah meist Zufriedenheit: Reisende, die damit zufrieden waren, im Flugzeug zu sitzen, zufrieden darüber, dass sie sich ihrem Zielort näherten, zufrieden, nicht mehr im Flughafengebäude zu warten, zufrieden damit, dazusitzen, vor sich hinzustarren und wenig zu sagen.

Es gab einige wenige Ausnahmen. Etliche Damen mittleren Alters mit Strohhüten und Strandtaschen waren übersprudelnd. Sie kicherten, dass man es im ganzen Flugzeug hören konnte. Ich wette, es waren Familienmütter, die ein paar Tage Urlaub von Kindern und Küche genommen hatten. Der Herr im blauen Anzug auf der anderen Seite war nicht zufrieden; er war verärgert. Er öffnete seinen Laptop und blickte den ganzen Flug über finster auf seinen Bildschirm. Die meisten von uns waren jedoch glücklicher als er und gelassener als die Damen. Die meisten von uns waren zufrieden. Zufrieden mit einem vorhersehbaren, ereignislosen Flug. Zufrieden mit einem »guten« Flug.

Und wir bekamen, was wir wollten. Der Junge, andererseits, wollte mehr. Er wollte den Piloten sehen. Würde man ihn bitten, den Flug zu beschreiben, würde er nicht »gut« sagen. Er würde wahrscheinlich die Plastikflügel, die der Pilot ihm gegeben hatte, hervorholen und sagen: »Ich habe mit dem Mann ganz vorne gesprochen.«

Verstehen Sie, warum ich sage, dass Menschen in einem Flugzeug und Menschen in einer Kirchenbank viel gemeinsam haben? Betrachten Sie einmal die Gesichter bei einem Gottesdienst. Einige sind ständig am Kichern, ein paar sind griesgrämig, aber im Großen und Ganzen sind wir zufrieden. Zufrieden, hier zu sein. Zufrieden damit, dazusitzen, geradeaus zu schauen und wieder zu gehen, wenn der Gottesdienst vorüber ist. Zufrieden, eine Versammlung ohne Überraschungen oder Turbulenzen zu genießen. Zufrieden mit einem »guten« Gottesdienst. »Suchet, so werdet ihr finden«, hat Jesus versprochen.[15] Und da wir einen guten Gottesdienst suchen, finden wir gewöhnlich einen guten Gottesdienst.

Einige jedoch suchen mehr. Einige kommen mit der kindlichen Begeisterung des Jungen. Und diese Wenigen gehen wieder weg wie er, mit großen Augen und staunend darüber, in der Gegenwart des Piloten selbst gestanden zu haben.

Kommen Sie und stellen Sie Fragen

Genau das geschah mit Jesus. An dem Tag, an dem er Gott anbetete, veränderte sich sein Gesicht.
»Sie sagen, dass Jesus anbetete?«
Ja. Die Bibel spricht von einem Tag, an dem Jesus sich die Zeit nahm, mit seinen Freunden in der Gegenwart Gottes zu stehen. Lesen wir doch über den Tag, an dem Jesus anbetete:

> Sechs Tage später nahm Jesus Petrus und die beiden Brüder Jakobus und Johannes mit auf einen hohen Berg. Plötzlich veränderte sich sein Aussehen. Sein Gesicht leuchtete wie die Sonne und seine Kleidung wurde strahlend weiß. Auf einmal erschienen Mose und Elia und begannen mit Jesus zu sprechen. Petrus rief aus: »Herr, wie wunderbar ist das! Wenn du willst, baue ich drei Hütten, eine für dich, eine für Mose und eine für Elia.« Doch noch während er das sagte, glitt eine helle Wolke über sie, aus der eine Stimme zu ihnen sprach: »Dies ist mein geliebter Sohn, an dem ich meine Freude habe. Hört auf ihn.« (Mt 17,1-5)

Aus den Worten von Matthäus geht hervor, dass Jesus den Beschluss fasste, in der Gegenwart Gottes zu stehen. Die einfache Tatsache, dass er seine Begleiter auswählte und mit ihnen auf einen Berg stieg, lässt vermuten, dass dies keine Aktion aus einem Augenblick heraus war. Er ist nicht eines Morgens aufgewacht, hat auf seinen Kalender geschaut, dann auf seine Uhr und hat gesagt: »Nun, heute werden wir auf den Berg steigen.« Nein, er hatte Vorbereitungen zu treffen. Der Dienst an den Menschen wurde aufgeschoben, damit die Aufrichtung seines Herzens ermöglicht wurde. Der Platz, den er zur Anbetung ausgewählt hatte, war ziemlich weit weg, deshalb musste er den richtigen Weg aussuchen und auf der rechten Straße bleiben. Als er auf dem Berg angekommen war, war sein Herz bereit. Jesus bereitete sich für die Anbetung vor.

Darf ich Sie fragen, ob Sie auch so vorgehen? Bereiten Sie sich auf die Anbetung, auf den Gottesdienst, vor? Welche Wege beschreiten Sie, um auf den Berg zu kommen? Die Frage klingt vielleicht befremdend, aber ich habe den Verdacht, dass viele von uns einfach aufwachen und dann in der Kirche aufkreuzen. Wir sind schmählich salopp, wenn es darum geht, Gott zu begegnen.

Wären Sie auch so gleichgültig, wenn Sie zum Beispiel zum Präsidenten der Vereinigten Staaten gehen würden? Nehmen wir an, Sie wären am Sonntagmorgen im Weißen Haus zum Frühstück eingeladen. Wie würden Sie den Samstagabend verbringen? Würden Sie sich vorbereiten? Würden Sie Ihre Gedanken sammeln? Würden Sie Ihre Fragen und Bitten überdenken? Natürlich! Sollten wir uns für eine Begegnung mit dem Heiligen Gott weniger vorbereiten?

Ich bitte Sie inständig, zum Gottesdienst vorbereitet zu kommen. Beten Sie, bevor Sie kommen, damit Sie zum Beten bereit sind. Schlafen Sie, bevor Sie kommen, damit Sie aufmerksam sein können. Lesen Sie in der Bibel, bevor Sie kommen, dann wird Ihr Herz gütig sein, wenn Sie anbeten. Kommen Sie begierig. Kommen Sie willig. Kommen Sie in der Erwartung, dass Gott spricht. Kommen Sie und fragen Sie, sogar schon, wenn Sie zur Tür hereinkommen: »Kann ich heute mit dem Piloten sprechen?«

Seine Herrlichkeit widerspiegeln

Wenn Sie das tun, entdecken Sie den Zweck der Anbetung: das Gesicht des Anbetenden zu verändern. Genau das geschah mit Jesus auf dem Berg. Das Aussehen Jesu veränderte sich: »Sein Gesicht leuchtete wie die Sonne« (Mt 17,2).

Die Verbindung zwischen Gesicht und Anbetung ist nicht zufällig. Unser Gesicht ist der allgemein zugänglichste Teil unseres Körpers, der weniger als andere Bereiche bedeckt ist. Es ist auch der Teil des Körpers, der am leichtesten wieder erkannt wird. Wir füllen ein Schulalbum nicht mit Fotos von Füßen, sondern mit Bildern von Gesichtern. Gott will unser Gesicht nehmen, diesen sichtbaren und im Gedächtnis haftenden Teil unseres Körpers, und darin seine Güte widerspiegeln. Paulus schreibt: »Von uns allen wurde der Schleier weggenommen, sodass wir die Herrlichkeit des Herrn wie in einem Spiegel sehen können. Und der Geist des Herrn wirkt in uns, sodass wir ihm immer ähnlicher werden und immer stärker seine Herrlichkeit widerspiegeln« (2. Kor 3,18).

Gott fordert uns auf, sein Gesicht zu betrachten, damit er unseres verändern kann. Er benützt unser unbedecktes Gesicht, um seine Herrlichkeit zu zeigen. Diese Umwandlung ist nicht leicht. Aber unser Herr ist der Aufgabe gewachsen. Er verändert die Gesichter seiner Kinder gerne. Mit seinen Fingern werden Sorgenfalten weggewischt. Schatten von Scham und Zweifel werden zu Darstellungen von Gnade und Vertrauen. Er entspannt zusammengebissene Zähne und glättet gerunzelte Augenbrauen. Er kann die Ringe der Erschöpfung um Ihre Augen zum Verschwinden bringen und die Tränen der Verzweiflung in Freudentränen verwandeln.

Wie? Durch Anbetung.

Wir würden etwas Komplizierteres erwarten, etwas, was uns mehr abverlangt. Ein vierzig Tage langes Fasten vielleicht oder das Auswendiglernen des dritten Buches Mose. Nein. Gottes Plan ist einfacher. Er verändert unser Gesicht durch Anbetung.

Was ist eigentlich genau unter Anbetung zu verstehen? Mir gefällt die Definition von König David. »Kommt, lobt mit mir die Größe des Herrn, lasst uns gemeinsam seinen Namen ehren!« (Ps 34,4). Anbetung bedeutet Gott preisen und verherrlichen. Unser Bild von ihm vergrößern. In das Cockpit treten und sehen, wo er sitzt, beobachten, wie er arbeitet. Seine Größe ändert sich natürlich nicht, aber unser Erfassen von ihm. Wenn wir uns ihm nähern, erscheint er uns größer. Haben wir nicht genau das nötig? Eine *große* Vorstellung von Gott? Haben wir nicht *große* Probleme, *große* Sorgen, *große* Fragen? Natürlich. Deshalb brauchen wir eine große Vorstellung von Gott.

Das bietet uns die Anbetung. Wie können wir »Heilig, heilig, heilig« singen, ohne dass unser Blick geweitet wird? Oder die Zeilen aus dem Lied »Wenn Friede mit Gott meine Seele durchdringt«?

> Die Last meiner Sünde trug Jesus das Lamm
> und warf sie weit weg in die Fern';
> er starb ja für mich auch am blutigen Stamm:
> Meine Seele lobpreise den Herrn.[16]

Können wir diese Worte singen, ohne dass sich unsere Miene erhellt?

Ein lebensprühendes, leuchtendes Gesicht ist das Kennzeichen eines Menschen, der in der Gegenwart Gottes gestanden hat. Nachdem Mose mit Gott gesprochen hatte, musste er sein Gesicht bedecken (2. Mose 34,33-35). Als Stephanus den Himmel gesehen hatte, leuchtete sein Gesicht wie das eines Engels (Apg 6,15; 7,55-56).

Es ist Gottes Anliegen, das Gesicht der Welt zu verändern.

Ich möchte hier in aller Deutlichkeit sagen: Diese Veränderung ist seine und nicht unsere Aufgabe. Unser Ziel ist es nicht, unser Gesicht zum Strahlen zu bringen. Nicht einmal Jesus hat das selbst getan. Matthäus sagt: »Mit Jesus ging eine Verwandlung vor«, nicht: »Jesus änderte sein Aussehen« oder »Jesus verwandelte sich«. Mose wusste nicht einmal, dass sein Gesicht einen strahlenden Glanz hatte (2. Mose 34,29). Unser Ziel ist es nicht, einen künstlichen, gezwungenen Gesichtsausdruck aufzusetzen. Unser Ziel besteht einfach darin, mit einem bereiten und willigen Herzen vor Gott zu stehen und dann Gott seine Arbeit verrichten zu lassen.

Und das tut er. Er trocknet unsere Tränen. Er wischt uns den Schweiß von der Stirn. Er glättet unsere gerunzelten Augenbrauen. Er streicht über unsere Wangen. Er verändert unser Gesicht, während wir anbeten.

Aber das ist nicht alles. Gott ändert nicht nur das Gesicht derer, die ihn anbeten. Er ändert auch diejenigen, die uns beobachten, während wir anbeten.

Missionarische Anbetung

Erinnern Sie sich an den Jungen, der zum Piloten ging? Seine Leidenschaft hat mich gepackt. Ich wollte auch zu dem Piloten gehen. (Und ich hätte die Plastikflügel nicht abgelehnt.)

Die gleiche Dynamik kommt in Gang, wenn wir mit einem anbetenden Herz zur Anbetung, also zum Gottesdienst kommen. Paulus ermahnte die Gemeinde von Korinth, ihre Anbetung und ihren Gottesdienst so zu gestalten, dass ein Ungläubiger, der hereinkommt, durch das Gehörte von seiner Schuld überzeugt wird, und dass seine geheimen Gedanken ans Licht kommen, sodass er sich niederwirft, Gott anbetet und bekennt: »Gott ist wirklich hier unter euch!« (siehe 1. Kor 14,24-25).

David spricht von der missionarischen Kraft ehrlicher Anbetung: »Er legte mir ein neues Lied in meinen Mund, mit dem ich unseren Gott loben kann. Viele werden sehen, was er getan hat, und darüber staunen. Sie werden dem Herrn vertrauen« (Ps 40,4).

Ihre Anbetung von ganzem Herzen ist ein missionarischer Aufruf. Wenn Ungläubige die Leidenschaft Ihrer Stimme hören oder die Ehrlichkeit in Ihrem Gesicht sehen, dann können sie verändert werden. Petrus wurde verändert. Als Petrus sah, wie Jesus anbetete, sagte er: »Herr, wie wunderbar ist das! Wenn du willst, baue ich drei Hütten, eine für dich, eine für Mose und eine für Elia« (Mt 17,4).

Markus berichtet, dass Petrus so sprach, weil er vor Schreck ganz verstört war (9,6). Lukas schreibt, dass Petrus aus Unwissenheit heraus sprach (9,33).

Was immer auch der Grund war, Petrus sagte jedenfalls etwas. Er wollte etwas für Gott tun. Er verstand nicht, dass Gott Herzen und nicht Zelte will, aber er war zumindest dazu getrieben, etwas zu geben.

Warum? Weil er das verwandelte Gesicht Christi sah. Das Gleiche geschieht heute in christlichen Gemeinden. Wenn Menschen sehen, wie wir von ganzem Herzen Gott anbeten, wenn sie unsere Anbetung hören, dann werden sie interessiert. Sie wollen den Piloten sehen! Funken unseres Feuers sind imstande, trockne Herzen zu entzünden.

Etwas Ähnliches erlebte ich in Brasilien. Unser Haus war nur wenige Häuserblocks von dem größten Fußballstadion der Welt entfernt. Mindestens einmal in der Woche war das *Maracana*-Stadion mit schreienden Fußballfans überfüllt. Anfangs hielt ich mich fern, doch ihre Begeisterung war ansteckend. Ich wollte sehen, wovon sie so begeistert waren. Als ich aus Rio wegzog, war ich ein Fußballfan geworden und schrie mit ihnen vor Begeisterung.

Suchende verstehen vielleicht nicht alles, was in einem Gotteshaus geschieht. Vielleicht verstehen sie den Sinn eines Liedes oder die Bedeutung des Abendmahls nicht, aber sie erkennen Freude, wenn sie alles beobachten. Und wenn sie Ihr verändertes Gesicht sehen, wollen sie vielleicht auch Gottes Gesicht sehen.

Übrigens, trifft das Gegenteil nicht auch zu? Was geschieht, wenn ein Suchender Langeweile auf Ihrem Gesicht entdeckt? Andere beten an, und Sie blicken finster drein? Andere sind in Gottes Gegenwart, Sie jedoch in Ihrer eigenen kleinen Welt? Andere suchen Gottes Angesicht, während Sie auf Ihre Armbanduhr schielen?

Da ich jetzt schon persönlich geworden bin, möchte ich noch einen Schritt näher treten. Ihr Eltern, was lernen eure Kinder von eurer Anbetung? Erleben sie die gleiche Vorfreude, die Sie zeigen, wenn Sie zu einem Fußballspiel gehen? Erleben sie, dass Sie sich auf die Anbetung, den Gottesdienst, so vorbereiten, wie Sie das für Ihren Urlaub tun? Erleben sie, dass Sie geradezu begierig sind, anzukommen, um das Gesicht des Vaters zu sehen? Oder sehen sie, dass Sie sich damit zufriedengeben, so wieder zu gehen, wie Sie gekommen sind?

Ihre Kinder beobachten Sie. Glauben Sie mir das. Sie beobachten.

Kommen Sie zur Kirche mit einem Herz, das nach Anbetung lechzt? Unser Heiland tat es.

Ich möchte Sie inständig bitten, so wie Jesus zu handeln. Bereiten Sie Ihr Herz auf die Anbetung vor. Lassen Sie es zu, dass Gott Ihr Gesicht verändert, während Sie anbeten, und dass die Macht der Anbetung sichtbar wird. Suchen Sie vor allem das Gesicht des Piloten. Der Junge tat es. Und weil er den Piloten suchte, kam er mit einem veränderten Gesicht und einem Paar Flügel zurück. Das Gleiche kann mit Ihnen geschehen.

*Und ich bitte den Gott unseres Herrn Jesus
Christus, den Vater der Herrlichkeit, euch den
Geist der Weisheit und Einsicht zu schenken,
damit eure Erkenntnis von Gott immer größer
wird. Ich bete, dass eure Herzen hell erleuchtet
werden, damit ihr die wunderbare Zukunft,
zu der er euch berufen hat, begreift und erkennt,
welch reiches und herrliches Erbe er
den Gläubigen geschenkt hat.*

Epheser 1,17-18

Kapitel 7

Golfspiele und Selleriestengel
Ein Herz, das auf ein Ziel ausgerichtet ist

Das Golfspiel stand unentschieden, und es waren nur noch vier Holes zu spielen. Wir standen an der Abschlagstelle, und ich entdeckte das nächste Grün. »Das scheint recht weit weg zu sein«, bemerkte ich. Niemand sprach. »Wirklich ein enger Fairway«, bemerkte ich, als ich meinen Ball auf die Abschlagstelle legte. Wieder keine Antwort. »Wie stellen die sich vor, dass wir über diese Bäume schlagen sollen?« Immer noch keine Antwort.

Das Schweigen störte mich nicht. In all den Jahren unbarmherziger Wettkämpfe mit meinen Pfarrerkollegen auf städtischen Golfplätzen hatte ich gelernt, mich vor ihren Tricks in Acht zu nehmen. Ich wusste genau, was sie taten. Von meiner beeindruckenden Anzahl von Schlägen beunruhigt, beschlossen sie, mich psychisch zu verunsichern. (Schließlich spielten wir um einen Sprudel.) Also ging ich auf den Ball zu und holte Schwung. Was dann geschah, kann man nicht anders beschreiben: *Ich schlug einen tollen Drive.* Mein Ball beschrieb einen hohen Bogen über die Bäume links von mir. Ich hörte, wie die anderen stöhnten. Ich nehme an, sie waren eifersüchtig. Nachdem ich ihre Drives gesehen hatte, wusste ich, dass ich mit meiner Annahme recht hatte. Sie hatten nicht einmal in die Nähe der Bäume getroffen. Anstatt nach links zu schießen, schlugen sie nach rechts und endeten meilenweit vom Grün entfernt. Deshalb hätte ich Verdacht schöpfen müssen, aber ich tat es nicht.

Sie gingen ihren Fairway hinunter und ich meinen. Aber anstatt meinen Ball auf dickem Fairway-Rasen zu finden, entdeckte ich ihn zwischen Unkraut und Steinen, zwischen den Bäumen. »Das ist tatsächlich ein schwieriges Hole«, murmelte ich vor mich hin. Trotzdem fühlte ich mich der Herausforderung gewachsen. Ich prüfte den Schuss und wählte eine Strategie aus, nahm einen Schläger und – vergeben Sie mir, aber ich muss es noch einmal sagen: *Ich schlug einen tollen Drive.* Man hätte glauben können, mein Ball sei radargesteuert: Knapp an einem Zweig vorbei und über einen anderen hinweg raste er blitzschnell auf das Grün zu. Nur die steile Anhöhe hinderte ihn daran, auf das Grün zu rollen.

Von Turnieren, die ich im Fernsehen gesehen hatte, wusste ich, wie man sich in solchen Augenblicken verhält. Ich blieb so lange in der Durchziehbewegung erstarrt, bis die Fotografen ihren Schnappschuss schießen konnten, dann wirbelte ich kurz meinen Schläger herum. Mit einer Hand winkte ich dem Publikum zu, mit der anderen reichte ich den Schläger meinem Golfjungen. In meinem Fall gab es natürlich keine Fotografen, keinen Golfjungen und kein Publikum. Nicht einmal meine Kumpels beobachteten mich. Sie waren auf der anderen Seite des Fairways und schauten in die andere Richtung. Ein bisschen verdrossen, dass mein Können unbeachtet blieb, nahm ich meinen Schläger auf die Schulter und machte mich auf den Weg zum Grün.

Wieder hätte mir der Gedanke kommen können, dass etwas nicht in Ordnung war. Die vielen seltsamen Ereignisse hätten meine Aufmerksamkeit erregen müssen. Niemand äußerte sich zur Schwierigkeit des Holes. Niemand machte mir Komplimente wegen meines Drives. Alle schlugen sie nach rechts, während ich nach links schlug. Ein perfekter Drive, der im *Rough* landete. Ein glänzender Annäherungsschlag, der unbeachtet blieb. Erst als ich mich dem Grün näherte, sah ich etwas Ungewöhnliches. Einige Spieler waren bereits beim Putten! Spieler, die ich nicht kannte. Spieler, die ich nie zuvor gesehen hatte. Spieler, die, wie ich annahm, schrecklich langsam waren oder sich verirrt hatten. Ich schaute mich nach meiner Gruppe um und fand sie auch auf dem Grün – auf einem *anderen* Grün.

Dann ging mir ein Licht auf. Ich hatte das falsche Hole gespielt! Ich hatte das falsche Ziel gewählt. Ich hatte gedacht, wir spielen das Grün auf der linken Seite, doch wir mussten das Grün auf der rechten Seite spielen! Plötzlich war alles einleuchtend.

Meine Kumpels schlugen nach rechts, weil es so richtig war. Das Stöhnen, das ich nach meinem Drive hörte, war Mitleid, nicht Bewunderung. Kein Wunder, dass das Hole schwierig schien – ich spielte in der falschen Richtung. Wie entmutigend. Ich hatte die falsche Richtung eingeschlagen.

Das Herz auf das Ziel ausrichten

Dasselbe gilt auch fürs Leben. Das Leben ist schwierig, aber es wird noch schwieriger, wenn man die falsche Richtung einschlägt.

Zu den unglaublichen Fähigkeiten Jesu gehört, dass er aufs Ziel ausgerichtet blieb. Er kam in seinem Leben nie vom Kurs ab. Nicht ein einziges Mal sehen wir, dass er die falsche Richtung einschlägt. Er hatte kein Geld, keine Computer, keine Düsenjets, keine Bürogehilfen und kein Personal; doch Jesus tat, was vielen von uns nicht gelingt. Er blieb auf Kurs.

Als Jesus den Horizont seiner Zukunft betrachtete, konnte er viele Ziele sehen. Zahllose Flaggen wehten im Wind, und er hätte auf jede zusteuern können. Er hätte ein politischer Revolutionär sein können. Er hätte zum nationalen Führer werden können. Er hätte sich damit zufriedengeben können, ein Lehrer zu sein und das Denkvermögen der Menschen zu schulen, oder ein Arzt zu werden, der Menschen gesund macht. Aber schließlich beschloss er, ein Erlöser zu werden, der Seelen rettet.

Jeder, der eine Zeit lang in Jesu Nähe lebte, erfuhr es von ihm selbst. »Der Menschensohn ist gekommen, um Verlorene zu suchen und zu retten« (Lk 19,10). »Selbst der Menschensohn ist nicht gekommen, um sich dienen zu lassen, sondern um anderen zu dienen und sein Leben als Lösegeld für viele Menschen hinzugeben« (Mk 10,45).

Das Herz Christi war konsequent auf eine einzige Aufgabe konzentriert. An dem Tag, an dem er die Zimmerwerkstatt in Nazareth verließ, hatte er ein Endziel – das Kreuz auf Golgatha. Er war so sehr darauf konzentriert, dass seine letzten Worte waren: »Es ist vollbracht« (Joh 19,30).

Wie konnte Jesus sagen, dass er seine Aufgabe abgeschlossen hatte? Es gab immer noch Hungrige, die satt gemacht, Kranke, die geheilt, Unwissende, die unterwiesen, und Ungeliebte, die geliebt werden wollten. Wie konnte er sagen, dass er fertig war? Ganz einfach. Er hatte die ihm übertragene Aufgabe erfüllt. Sein Auftrag war ausgeführt. Der Maler konnte seinen Pinsel, der Bildhauer seinen Meißel und der Schriftsteller seine Feder niederlegen. Die Arbeit war getan.

Würden Sie nicht gerne das auch sagen können? Würden Sie nicht gerne einmal auf Ihr Leben zurückblicken und wissen, dass Sie das getan haben, wozu Sie berufen waren?

Abgelenkte Herzen

Wie oft verzetteln wir uns. Wir sind von einer Strömung fasziniert, nur um uns bald danach auf die nächste zu stürzen, die neu auftaucht. Wir fallen auf den letzten Modeschrei oder jede Bauernfängerei herein. Einmal dieses, dann wieder jenes Projekt. Leben ohne Strategie, ohne Ziel, ohne Prioritäten. Wir spielen die Holes in der falschen Reihenfolge. Ziellos und unschlüssig verhaspeln wir uns. Wir lassen uns von kleinen Dingen ablenken und vergessen die großen. Neulich erlebte ich ein Beispiel dafür im Lebensmittelladen.

Im Supermarkt gibt es eine Abteilung, in der ich Stammkunde bin: die Abteilung für Warenproben. Ich gehe nie vorbei, ohne ein paar Happen zu probieren. Letzten Samstag ging ich in den Teil des Supermarktes, wo sich die Probierer aufhalten. Glück gehabt! Zwei Damen warteten mit ihren Kostproben auf hungrige Probierer. Eine hatte eine Pfanne mit Würsten, die andere eine Platte voller Selleriestangen, die mit Käsecreme bedeckt waren. Ich entschied mich für den Sellerie! Ich hätte lieber eine Wurst gegessen, aber ich wusste, dass der Sellerie besser für mich war.

Leider sah mich die Dame mit dem Sellerie nie. Sie war zu sehr mit dem Anordnen ihrer Selleriestengel beschäftigt. Ich ging an ihr vorbei, und sie schaute nie hoch. Die Dame mit der Wurst jedoch sah mich herankommen und hielt mir ihre Platte hin. Ich lehnte ab und drehte noch einmal einen Kreis um die Dame mit dem Sellerie. Wieder dasselbe. Sie sah mich nicht. Sie war zu sehr damit beschäftigt, auf ihrer Platte Ordnung zu schaffen. So kam ich wieder an der Dame mit der Wurst vorbei. Und wieder machte sie ihr Angebot, und wieder – mit bewundernswerter Entschlossenheit, muss ich hinzufügen – widerstand ich. Ich hatte mir geschworen, das Richtige zu tun.

Die Dame mit dem Sellerie hatte das auch getan. Sie war entschlossen, jeden Selleriestengel einwandfrei auf ihrer Platte anzuordnen. Aber sie war mehr um das Aussehen ihres Artikels besorgt als um seine Verteilung... Und schließlich gab ich nach; ich aß die Wurst.

Die Dame mit dem Sellerie machte den gleichen Fehler, den ich auf dem Golfplatz gemacht hatte. Sie verfehlte das Ziel. Sie war so sehr mit den kleinen Dingen beschäftigt (nämlich der Sellerieanordnung), dass sie ihre Hauptaufgabe vergaß (nämlich bedürftigen, hungrigen, bemitleidenswerten Käufern wie mir zu helfen).

Wie können wir vermeiden, dass wir den gleichen Fehler in unserem Leben begehen? Gott möchte, dass wir so wie Jesus sind und ein auf ein Ziel ausgerichtetes Herz haben. Wie entscheide ich mich für die richtige Flagge und bleibe aufs Ziel ausgerichtet? Ein guter Anfang wäre, die Landkarte zu studieren. Ich hätte mir an jenem Tag viele Unannehmlichkeiten erspart, wenn ich mir die Zeit genommen hätte, die Karte auf dem Anschreibeblatt genau anzuschauen. Der Erbauer des Golfplatzes hatte eine gezeichnet. Was für den Golfplatz gilt, gilt auch fürs Leben. Der, der unsere Lebensbahn entworfen hat, hat uns Anweisungen gegeben. Durch die Beantwortung vier einfacher Fragen können wir Jesus ähnlicher werden und mit unserem Leben auf Kurs bleiben.

1. Stimme ich mit Gottes Plan überein?

In Römer 8,28 lesen wir: »Und wir wissen, dass für die, die Gott lieben und nach seinem Willen zu ihm gehören, alles zum

Guten führt.« Der erste Schritt, mit dem wir unser Herz auf ein Ziel ausrichten, ist zu fragen: Stimme ich mit Gottes Plan überein?

Gottes Plan ist die Errettung seiner Kinder. »Denn [Gott] möchte nicht, dass auch nur ein Mensch verloren geht, sondern dass alle Buße tun und zu ihm umkehren« (2. Petr 3,9).

Wenn Gottes Ziel die Errettung der Welt ist, dann sollte das auch mein Ziel sein. Die Einzelheiten sind von Mensch zu Mensch unterschiedlich, aber das große Bild ist für alle gleich. »So sind wir Botschafter Christi, und Gott gebrauchte uns, um durch uns zu sprechen« (2. Kor 5,20). Auch wenn Sie kaum etwas über Ihre Zukunft wissen, steht eines fest: Es ist vorgesehen, dass Sie am Plan Gottes mitwirken sollen, anderen von Gott zu erzählen, der sie liebt und sie nach Hause bringen möchte.

Aber wie im Einzelnen sollen Sie daran mitwirken? Was ist Ihre konkrete Aufgabe? Versuchen wir, die Antwort anhand einer zweiten Frage zu finden.

2. Welche Sehnsüchte habe ich?

Diese Frage erstaunt Sie vielleicht. Vielleicht dachten Sie, Ihre Sehnsüchte haben nichts damit zu tun, Ihr Leben auf Kurs zu halten. Da möchte ich energisch widersprechen. Ihr Herz ist maßgeblich. In Psalm 37,4 (Elb) steht: »Habe deine Lust am Herrn, so wird er dir geben, was dein Herz begehrt.« Wenn wir uns Gottes Plänen unterwerfen, können wir unseren Wünschen trauen. Unser Auftrag liegt am Schnittpunkt von Gottes Plan und unserem Vergnügen. *Was tust du gerne? Was macht dir Freude? Was gibt dir ein Gefühl der Befriedigung?*

Einige möchten gerne Arme satt machen. Anderen macht es Spaß, die Kirche zu führen. Andere freuen sich am Singen oder Lehren oder trösten gerne Kranke oder beraten Menschen, die nicht mehr weiter wissen. Jeder von uns wurde so geschaffen, damit er Gott auf einzigartige Weise dienen kann.

»Denn wir sind Gottes Schöpfung. Er hat uns in Christus Jesus neu geschaffen, damit wir zu guten Taten fähig sind, wie er es für unser Leben schon immer vorgesehen hat.« (Eph 2,10)

»Du hast alles in mir geschaffen und hast mich im Leib meiner Mutter geformt...Wunderbar sind deine Werke, das weiß ich wohl. Du hast zugesehen, wie ich im Verborgenen gestaltet wurde, wie ich gebildet wurde im Dunkel des Mutterleibes. Du hast mich gesehen, bevor ich geboren war. Jeder Tag meines Leben war in deinem Buch geschrieben. Jeder Augenblick stand fest, noch bevor der erste Tag begann.« (Ps 139,13-16)

Sie sind eine Einzelanfertigung, ein Original. Gott hat Ihre Geburt angeordnet. Sie sind kein Zufall, unter welchen Verhältnissen auch immer Sie auf die Welt gekommen sind. Gott plante Sie, bevor Sie geboren wurden.

Deshalb sind die Sehnsüchte Ihres Herzens nicht nebensächlich; sie sind wegweisende Botschaften. Die Wünsche Ihres Herzens dürfen nicht übergangen, sie müssen vielmehr in Erwägung gezogen werden. Wie der Wind der Wetterfahne eine Richtung gibt, so gebraucht Gott Ihre Leidenschaften, um Ihrem Leben eine Richtung zu geben. Gott ist zu gnädig, um etwas von Ihnen zu verlangen, das Sie verabscheuen.

Seien Sie jedoch vorsichtig. Ziehen Sie nicht Ihre Wünsche in Betracht ohne über Ihre Gaben nachzudenken. Und damit wären wir bei der dritten Frage.

3. Welche Fähigkeiten besitze ich?

Es gibt einige Dinge, die wir tun wollen, aber wozu wir einfach nicht begabt sind. Ich habe zum Beispiel den Wunsch zu singen. Für andere zu singen würde mir große Befriedigung verschaffen. Das Problem ist, dass ich meinem Publikum nicht dieselbe Befriedigung schaffen würde. Ich kann beim besten Willen keinen Ton halten.

In Römer 12,3 gibt Paulus einen guten Rat: »Seid ehrlich in eurem Urteil über euch selbst und messt euch daran, wie viel Glauben Gott euch geschenkt hat.« Dies will uns dahin führen, dass wir unsere Fähigkeiten vernünftig einschätzen.

Mit anderen Worten, werden Sie sich Ihrer Stärken bewusst. Hören andere zu, wenn Sie etwas erklären? Folgen die Menschen, wenn Sie die Führung übernehmen? Verbessern sich die Dinge, wenn Sie für die Organisation zuständig sind? Wo erzielen Sie die besten Ergebnisse? Finden Sie Ihre Stärken heraus, und dann – das ist wichtig – konzentrieren Sie sich darauf. Nehmen Sie einige Eisen aus dem Feuer, damit dieses eine heiß werden kann. Wenn wir uns nicht auf unsere Stärken konzentrieren, gelingt es uns möglicherweise nicht, die einzigartigen Aufgaben zu erfüllen, zu denen Gott uns berufen hat.

Ein Leuchtturmwärter, der an einem felsigen Küstenstrich arbeitete, erhielt einmal im Monat Öl, damit er sein Licht am Brennen halten konnte. Da er nicht weit vom Dorf entfernt war, erhielt er oft Besuch. Eines Abends kam eine Frau, die Öl zum Heizen brauchte. Eines anderen Abends brauchte ein Bauer Öl für seine Lampe. Dann brauchte ein anderer Öl, um ein Rad zu schmieren. All die Bitten schienen berechtigt zu sein, und deshalb versuchte der Leuchtturmwärter, alle zufriedenzustellen. Gegen Ende des Monats jedoch ging sein Öl aus, sein Leuchtturm wurde dunkel, und mehrere Schiffe zerschellten an der Küste. Der Mann wurde von seinen Vorgesetzten getadelt: »Du bekamst das Öl zu einem einzigen Zweck, nämlich um das Licht am Brennen zu halten.«[17]

Wir können nicht aller Not in der Welt abhelfen. Wir können nicht jeden Menschen auf der Welt zufriedenstellen. Wir können nicht jeder Bitte auf der Welt nachkommen. Aber einige von uns versuchen es, und am Ende geht uns die Energie aus. Schätzen Sie Ihre Fähigkeiten vernünftig ein und halten Sie sich daran.

Nun noch eine letzte Frage.

4. Diene ich Gott?

Vielleicht werden Sie beim Lesen dieser Frage etwas beunruhigt. *Möglicherweise muss ich mir eine andere Arbeit suchen. Eventuell muss ich meinen Wohnort wechseln, jetzt sagt Lucado mir vermutlich, dass ich auf eine Bibelschule gehen muss ...* Nein, nicht unbedingt.

Wieder ist Jesus das ideale Vorbild. Wann haben wir den ersten Anhaltspunkt dafür, dass er weiß, dass er der Sohn Gottes ist? Im Tempel von Jerusalem. Er ist zwölf Jahre alt. Seine Eltern sind schon drei Tage lang auf dem Fußmarsch zurück nach Nazareth, bevor sie merken, dass er fehlt. Sie finden ihn im Tempel, wo er den Vorlesungen der Schriftgelehrten zuhört. Als sie ihn zur Rede stellen, gibt er ihnen zur Antwort: »Ihr hättet doch wissen müssen, dass ich im Haus meines Vaters bin« (Lk 2,49).

Schon als Junge verspürt Jesus den Ruf Gottes. Aber was tut er als Nächstes? Apostel berufen und Predigten halten und Wunder vollbringen? Nein, er geht mit seinen Eltern nach Hause und lernt das Handwerk der Familie.

Genau das sollten Sie tun. Sie wollen eine Richtung in Ihr Leben bringen? Dann tun Sie, was Jesus tat. Gehen Sie nach Hause, lieben Sie Ihre Familie und gehen Sie Ihrer Arbeit nach. *Aber Max, ich will Missionar werden.* Ihr erstes Missionsfeld befindet sich unter Ihrem Dach. Wieso denken Sie, dass man Ihnen in Übersee glauben wird, wenn die Leute von nebenan Ihnen nicht glauben?

Aber Max, ich bin bereit, große Dinge für Gott zu tun. Gut, tun Sie diese bei Ihrer Arbeit. Seien Sie ein guter Angestellter. Kommen Sie pünktlich mit einer guten Arbeitshaltung. Klagen und nörgeln Sie nicht, sondern »Tut eure Arbeit mit Eifer und Freude, als würdet ihr Gott dienen und nicht Menschen« (Kol 3,23).

Der Plan

Ein ziemlich einfacher Plan, nicht wahr? Damit Sie sich die vier Fragen besser merken können, wiederhole ich sie hier:

Stimme ich mit Gottes Plan überein?
Welche Sehnsüchte habe ich?
Welche Fähigkeiten besitze ich?
Diene ich Gott?

Nehmen Sie sich doch etwas Zeit und beurteilen Sie Ihre Richtung. Stellen Sie sich die vier Fragen. Vielleicht finden Sie heraus, dass Sie das tun, was ich getan habe: einige gute Bälle schießen, aber in die falsche Richtung. In meinem Fall hat mich das drei Sprudel gekostet. Ich habe so viele Punkte verloren, dass ich es nie aufholen konnte.

Für Sie kann es jedoch anders ausgehen. Gott bewilligt Ihnen an jedem Punkt Ihres Lebens einen Neuanfang. »... um die im Fleisch noch übrige Zeit nicht mehr den Begierden der Menschen, sondern dem Willen Gottes zu leben« (1. Petr 4,2).

Kreisen Sie die Worte *noch übrige Zeit* ein. Gott möchte Ihnen ein neues Anschreibeblatt geben. Egal, wovon Sie in der Vergangenheit beherrscht wurden, es ist nie zu spät, Ihr Leben auf den rechten Kurs zu bringen und Teil von Gottes Plan zu werden.

*Hört auf zu lügen
und sagt einander die Wahrheit.*

Epheser 4,25

Kapitel 8

Nichts als die Wahrheit
Ein ehrliches Herz

Eine Frau steht vor dem Richter und den Geschworenen. Sie legt eine Hand auf die Bibel, hebt die andere hoch und legt ein Gelöbnis ab. In den nächsten Minuten wird sie mit Gottes Hilfe »die Wahrheit, die ganze Wahrheit und nichts als die Wahrheit« sagen.

Sie ist Zeugin. Ihre Aufgabe besteht nicht darin, die Wahrheit auszuschmücken oder abzuschwächen. Ihre Aufgabe ist es, die Wahrheit zu sagen. Sie muss die Interpretation dem Rechtsanwalt überlassen. Sie muss die Entscheidung den Geschworenen überlassen. Sie muss es dem Richter überlassen, die Aussage zu verwerten. Und die Zeugin? Die Zeugin hat die Wahrheit zu sagen. Wenn sie mehr oder weniger tut, verdirbt sie das Ergebnis. Aber wenn man sie ihre Aufgabe tun lässt, wenn man sie die Wahrheit sagen lässt, dann bekommt die Gerechtigkeit eine Chance.

Christen sind auch Zeugen. Auch wir legen ein Gelöbnis ab. Wie Zeugen im Gericht sind wir dazu berufen, die Wahrheit zu sagen. Möglicherweise gibt es keine Richterbank, und der Richter ist nicht zu sehen, aber die Bibel ist da; die Menschen, die uns beobachten, sind die Geschworenen, und wir sind der Hauptzeuge. Wir wurden von Jesus selbst geladen: »Ihr werdet meine Zeugen sein, sowohl in Jerusalem als auch in ganz Judäa und Samaria und bis an das Ende der Erde« (Apg 1,8; Elb).

Wir sind Zeugen. Und wie die Zeugen in einem Gericht sind wir dazu berufen, Zeugnis abzulegen, zu erzählen, was wir gesehen und gehört haben. Und wir müssen wahrheitsgemäß aussagen. Unsere Aufgabe besteht nicht darin, die Wahrheit zu beschönigen oder aufzubauschen. Unsere Aufgabe ist es, die Wahrheit zu sagen. Punkt.

Es besteht jedoch ein Unterschied zwischen einem Zeugen im Gericht und einem Zeugen für Christus. Der Zeuge im Gericht verlässt schließlich die Zeugenbank, der Zeuge für Christus jedoch nie. Da die Ansprüche Christi ständig verhandelt werden, tagt das Gericht immerwährend, und wir bleiben unter Eid. Für den Christen ist Betrug nie eine Alternative. Er war auch nie eine Alternative für Jesus.

Was Gott nicht kann

Eine der erstaunlichsten Bewertungen Christi ist diese Zusammenfassung: »Er hat kein Unrecht getan und war kein Betrüger« (Jes 53,9). Jesus war ganz und gar ehrlich. Jedes Wort von ihm war richtig, jeder Satz wahr. Keine Mogelei bei Prüfungen. Keine frisierte Buchhaltung. Nicht ein einziges Mal hat Jesus es mit der Wahrheit nicht ganz genau genommen. Nicht ein einziges Mal hat er die Wahrheit ein bisschen nuanciert. Nicht ein Mal ist er der Wahrheit ausgewichen. Er hat einfach die Wahrheit gesagt. In seinem Mund war keine Unwahrhaftigkeit.

Und wenn es in unserem Leben nach Gott geht, dann ist auch in unserem Mund keine Unwahrhaftigkeit. Er sehnt sich danach, dass wir so wie Jesus sind. Erinnern Sie sich, dass sein Plan darin besteht, uns so umzugestalten, dass wir seinem Sohn ähnlich werden (Röm 8,29). Er will unsere Betrügerei nicht verringern oder verkleinern, sondern ausmerzen. Gott ist unerbittlich gegenüber Unehrlichkeit: »In meinem Haus sollen keine Betrüger wohnen und Lügner will ich in meiner Gegenwart nicht dulden« (Ps 101,7).

Unser Herr hat einen strengen Ehrenkodex. Vom ersten Buch Mose bis zur Offenbarung erkennen wir einen roten Faden: Gott liebt die Wahrheit und hasst Unwahrheit. In 1. Korinther 6,9-10 zählt Paulus die Menschen auf, die das Reich Gottes nicht ererben. Er schildert einen bunt zusammengewürfelten Haufen von Menschen, die auf sexuellem Gebiet sündigen, Götzen anbeten, Ehebruch treiben, ihren Körper verkaufen, sich betrinken, andere ausrauben und – hier haben wir es – *Verleumder,* das heißt Menschen, die über andere Lügen erzählen.

Vielleicht sind Sie über eine derartige Strenge erstaunt. *Sie meinen also, meine kleinen Flunkereien und Schmeicheleien erregen denselben göttlichen Zorn wie Ehebruch oder schwere Körperverletzung?* Anscheinend ja. Gott betrachtet Schwindel bei der Einkommensteuererklärung genauso wie das Niederfallen vor Götzen.

> Der Herr verabscheut die, die ihr Wort nicht halten, aber er hat Freude an denen, die es erfüllen. (Spr 12,22)

> Der Herr hasst ... einen falschen Zeugen, der Lügen verbreitet. (Spr 6,16-17)

> Du [Gott] wirst die Lügner vernichten. Du, Herr, verabscheust Mörder und Betrüger. (Ps 5,7)

Warum? Warum ist Gott so streng? Warum ist seine Haltung so rigoros?

Das hat seinen Grund: Unehrlichkeit steht in krassem Widerspruch zum Wesen Gottes. Laut Hebräer 6,18 *kann Gott unmöglich lügen. Es is*t nicht so, dass Gott nicht lügen will oder dass er beschlossen hat, nicht zu lügen – *er kann nicht lügen.* Lügen ist für Gott wie Fliegen für einen Hund oder Bellen für einen Vogel. Es kann einfach nicht sein. Das Buch Titus gibt denselben Gedanken wieder wie das Buch der Hebräer: »Er [Gott] kann nicht lügen« (Tit 1,2).

Gott sagt immer die Wahrheit. Wenn er ein Bündnis eingeht, dann hält er es. Wenn er eine Erklärung abgibt, dann ist es ihm ernst. Und wenn er die Wahrheit verkündet, können wir sie glauben. Was er sagt, ist wahr. Sogar wenn »wir untreu sind, bleibt er treu; denn er kann sich selbst nicht verleugnen« (2. Tim 2,13).

Für Satan andererseits ist es unmöglich, die Wahrheit zu sagen. Jesus nannte Satan den »Vater der Lüge« (Joh 8,44). Wie Sie wissen, war Unwahrhaftigkeit das erste Werkzeug in Satans Waffenlager. Satan hat Eva im Garten Eden nicht entmutigt. Er hat sie nicht verführt. Er hat sich nicht heimlich an sie herangemacht. Er hat sie nur angelogen. »Hat Gott wirklich gesagt, ihr müsst sterben, wenn ihr von der Frucht esst? Ihr werdet nicht sterben« (siehe 1. Mose 3,1-4).

Der Erzlügner! Doch Eva wurde hereingelegt, und die Frucht wurde gepflückt – und die Ehrlichkeit aus paradiesischen Zeiten ist nur noch eine schöne, ferne Erinnerung.

Sie ist es immer noch. Daniel Webster hatte recht, als er bemerkte: »Es gibt nichts Mächtigeres als die Wahrheit und oft nichts, was unbekannter ist.«

Der Lohn der Unwahrhaftigkeit

Laut einer Umfrage von *Psychology Today* spinnt Satan weiterhin Lügengewebe, und wir pflücken immer noch die Früchte.

- Mehr Menschen erklären, sie haben ihren Ehepartner betrogen als solche, die einräumen, ihre Steuererklärung oder Spesenabrechnung gefälscht zu haben.
- Über die Hälfte der Befragten gibt an, dass sie wahrscheinlich der Regierung Geld schulden, wenn ihre Steuererklärung geprüft würde.
- Etwa jeder Dritte räumt ein, im letzten Jahr einen sehr guten Freund hinters Licht geführt zu haben; 96 Prozent haben deswegen Schuldgefühle.
- Fast die Hälfte der Befragten vermuten, dass sie wegfahren würden, ohne eine Mitteilung zu hinterlassen, wenn sie auf einem Parkplatz ein anderes Auto schrammen würden – obwohl die große Mehrheit (89 Prozent) ein solches Verhalten für unanständig hält.[18]

Vielleicht sollten wir nicht fragen »Warum fordert Gott solche Ehrlichkeit?«, sondern »Warum dulden wir solche Unehrlichkeit?« Jeremia hätte nicht prophetischer sein können als bei folgender Aussage: »Nichts auf dieser Welt ist so hinterhältig und verschlagen wie das Herz des Menschen« (Jer 17,9). Wie erklären wir unsere Unehrlichkeit? Was ist der Grund für unsere Flunkereien und dubiosen Versprechungen? Wir brauchen keine Umfrage, um die Antwort zu finden.

Wir mögen die Wahrheit nicht. Die meisten von uns können mit dem Mann mitfühlen, der einen Anruf von seiner Frau bekam, kurz bevor sie von einer längeren Reise zurückkehrte. »Wie geht es meiner Katze?«, fragte sie.

»Tot.«

»Oh Schatz, sei nicht so ehrlich. Warum hast du mir das nicht schonend beigebracht? Du hast mir die ganze Reise verdorben.«

»Wie meinst du das?«

»Du hättest mir sagen können, sie ist auf dem Dach. Und wenn ich von Paris aus angerufen hätte, hättest du mir sagen können, sie verhält sich teilnahmslos. Dann, wenn ich von London aus angerufen hätte, hättest du mir sagen können, sie ist krank, und dann, dass sie beim Tierarzt ist. Anschließend, wenn ich zu Hause bin, hättest du mir sagen können, dass sie tot ist.«

Der Mann, der sich mit solcher Diplomatie nicht auskannte, war lernbereit. »Gut«, antwortete er. »Das nächste Mal mache ich es besser.«

»Übrigens«, fragte sie. »Wie geht es Mutter?«

Eine lange Stille trat ein, dann antwortete er: »Äääh, sie ist auf dem Dach.«

Tatsache ist, dass wir die Wahrheit nicht mögen. Unser Glaubensbekenntnis lautet: *Du sollst die Wahrheit wissen, und die Wahrheit wird dich in Verlegenheit bringen.* Unsere Abneigung gegen die Wahrheit begann, als wir drei Jahre alt waren und Mama in unser Zimmer kam und fragte: »Hast du deinen kleinen Bruder geschlagen?« Wir wussten damals auf der Stelle, dass Ehrlichkeit Konsequenzen hatte. So lernten wir, ach, nun, es ist nicht *wirklich* lügen... wir lernten, Dinge zu vertuschen.

»Habe ich meinen kleinen Bruder geschlagen?« Es hängt davon ab, wie man das Wort *schlagen* definiert. Ich meine, sicherlich trat ich in Kontakt mit ihm, aber würde ein Gerichtshof dies als einen »Schlag« bezeichnen? Alles ist relativ, nicht wahr?

»Habe ich meinen kleinen Bruder geschlagen? Ja, Papa. Aber es ist nicht meine Schuld. Wäre ich mit weniger aggressiven Chromosomen zur Welt gekommen und hättest du mich nicht so viel fernsehen lassen, wäre das nie geschehen. Man kann also sagen, dass ich meinen Bruder geschlagen habe, aber ich bin nicht schuld. Ich bin Opfer meiner Erziehung und meiner Erbanlagen.«

Wir lernen beizeiten, dass die Wahrheit keinen Spaß macht. Wir mögen die Wahrheit nicht.

Außerdem *vertrauen wir der Wahrheit nicht.* Wenn wir gnadenlos ehrlich sind (was in einem Gespräch über Ehrlichkeit ratsam ist), müssen wir zugeben, dass die Wahrheit unseren Bedürfnissen nur unzureichend gerecht wird.

Wir wollen, dass unser Chef uns mag, also schmeicheln wir. Wir nennen es »den Apfel polieren«. Gott nennt es Lüge.

Wir wollen, dass die Leute uns bewundern, also übertreiben wir. Wir nennen es »ausschmücken«. Gott nennt es Lüge.

Wir wollen, dass andere uns achten, also leben wir in Häusern, die wir uns nicht leisten können, und bekommen Rechnungen, die wir nicht bezahlen können. Wir nennen es die »moderne Lebensweise«. Gott nennt es »eine Lüge leben«.

Wenn wir nicht die Wahrheit sagen

Hananias und Saphira sind ein ausgezeichnetes Beispiel dafür, wie wenig wir Menschen der Wahrheit vertrauen. Sie verkauften ein Stück Land und gaben die Hälfte des Geldes der christlichen Gemeinde. Sie logen Petrus und die Apostel an, indem sie behaupteten, den gesamten Kauferlös hergegeben zu haben. Ihre Sünde bestand nicht darin, dass sie einen Teil des Geldes für sich behielten; ihre Sünde war, dass sie die Wahrheit unrichtig dargestellt hatten. Ihre Unwahrhaftigkeit führte zu ihrem Tod (Apg 5,1-11).

Ich hörte öfter Leute nervös glucksen, wenn über diese Geschichte gesprochen wurde, und sagen: »Bin ich froh, dass Gott wegen Lügen niemanden mehr totschlägt.« Ich bin mir da gar nicht so sicher. Mir scheint, der Lohn für Unwahrhaftigkeit ist immer noch der Tod. Nicht der Tod des Körpers vielleicht, aber

- der Tod *einer Ehe* – Unwahrheiten sind wie Termiten im Stammbaum einer Familie.
- der Tod *des Gewissens* – Die Tragödie der zweiten Lüge liegt darin, dass sie leichter über die Lippen geht als die erste.
- der Tod *einer Karriere* – Fragen Sie nur den Schüler, der von der Schule gewiesen wurde, weil er gemogelt hatte, oder den Angestellten, der wegen Veruntreuung gefeuert wurde. Sie werden Ihnen sagen, ob die Lüge nicht folgenschwer war.
- der Tod *des Glaubens* – Die Sprache des Glaubens und die Sprache der Unwahrheit haben nicht denselben Wortschatz. Wer die Sprache der Unwahrheit fließend beherrscht, hat Schwierigkeiten damit, Begriffe wie *Beichte* oder *Buße* auszusprechen.

Wir könnten noch den Tod einer innigen Gemeinschaft, den Tod des Vertrauens, des Friedens, der Glaubwürdigkeit und der Selbstachtung nennen. Doch vielleicht ist der Tod unseres Zeugnisses die tragischste Folge der Unwahrhaftigkeit. Das Gericht hört nicht auf die Aussagen eines meineidigen Zeugen. Die Welt auch nicht. Denken Sie, Ihre Arbeitskollegen glauben Ihren Worten über Christus, wenn sie nicht einmal Ihren Worten über die Führung Ihres Spesenkontos glauben können? Und noch wichtiger: Denken Sie, Gott gebraucht uns als Zeugen, wenn wir nicht die Wahrheit sagen? Die Fußballmannschaft einer jeden Schule hat einen Spieler, um den sich die anderen drängen, um die Instruktionen des Trainers zu empfangen. Was geschieht, wenn dieser Spieler nicht die Wahrheit sagt? Wenn der Trainer das Zuspielen des Balls verlangt, aber der Mannschaftsführer sagt, dass der Trainer einen Run will? Eines ist sicher, der Trainer wird sich nicht lange an diesen Spieler wenden. Gott sagt, dass er uns Größeres anvertraut, wenn wir uns in kleinen Dingen als zuverlässig erweisen (Mt 25,21). Kann er Ihnen die kleinen Dinge anvertrauen?

Die Suppe, die man sich eingebrockt hat, auslöffeln

Vor vielen Jahren gelang es einem Mann durch verschiedene Betrügereien, in das Orchester des Kaisers von China aufgenommen zu werden, obwohl er keine einzige Note spielen konnte. Immer wenn die Gruppe übte oder eine Vorstellung gab, hielt er seine Flöte an die Lippen und tat so, als würde er spielen, gab aber keinen einzigen Ton von sich. Er erhielt ein bescheidenes Gehalt und genoss ein bequemes Leben.

Eines Tages verlangte der Kaiser von jedem Musiker ein Solo. Der Flötist wurde nervös. Die Zeit reichte nicht, um das Instrument zu erlernen. Er gab vor, krank zu sein, aber der kaiserliche Arzt ließ sich nicht hinters Licht führen. Am Tag seines Solovorspiels nahm der Schwindler Gift und brachte sich um. Er wollte nicht die Suppe auslöffeln, die er sich eingebrockt hatte.[19]

Das Heilmittel für Unwahrhaftigkeit ist einfach: Man muss sich nur vor Augen halten, dass man die Suppe auslöffeln muss, die man sich einbrockt. Sagen Sie die Wahrheit. Einige von uns leben in Unwahrhaftigkeit. Die Lügen von Hananias und Saphira führten zum Tod; unsere auch. Einige von uns haben eine Ehe begraben, andere Bereiche ihres Gewissens oder sogar Bereiche ihres Glaubens – alles, weil wir nicht die Wahrheit sagen wollen.

Befinden Sie sich in einem Dilemma und wägen Sie ab, ob Sie die Wahrheit sagen sollen oder nicht? Die Frage, die man sich in solchen Augenblicken stellen muss, lautet: Wird Gott meine Unwahrhaftigkeit segnen? Wird er, der Lügen hasst, eine Strategie segnen, die auf Lügen aufgebaut ist? Wird der Herr, der die Wahrheit liebt, das Geschäft mit Unwahrheiten segnen? Wird

Gott die Karriere einer Person, die etwas »hindeichselt«, auszeichnen? Wird Gott einem Schwindler zu Hilfe kommen? Wird Gott meine Unehrlichkeit segnen? Ich denke nicht.

Prüfen Sie Ihr Herz. Stellen Sie sich einige unangenehme Fragen.

Bin ich völlig ehrlich mit meinem Ehepartner und meinen Kindern? Sind meine Beziehungen zu anderen Menschen von Offenheit geprägt? Wie steht es bei meiner Arbeit oder in der Schule?

Bin ich ehrlich in den Geschäften, die ich tätige? Bin ich ein vertrauenswürdiger Student? Ein ehrlicher Steuerzahler? Ein zuverlässiger Zeuge im Alltag?

Sagen Sie die Wahrheit... immer?

Wenn nicht, beginnen Sie heute damit. Warten Sie nicht bis morgen. Das sanfte Plätschern der Lüge, die Sie heute aussprechen, wird morgen zur Welle und nächstes Jahr zur Sturmflut. Beginnen Sie heute. Seien Sie wie Jesus. Sagen Sie die Wahrheit, die ganze Wahrheit und nichts als die Wahrheit.

*Seid besonnen und wachsam und jederzeit
auf einen Angriff durch den Teufel,
euren Feind, gefasst! Wie ein brüllender Löwe
streift er umher und sucht nach einem Opfer,
das er verschlingen kann. Ihm sollt ihr durch
euren festen Glauben widerstehen.
Macht euch bewusst, dass alle Gläubigen
in der Welt diese Leiden durchmachen.*

1. Petrus 5,8-9

Kapitel 9

Das Treibhaus der Gedanken
Ein reines Herz

Nehmen wir an, eines Tages besuchen Sie mich und treffen mich in meinem Treibhaus an. (Ich habe kein Treibhaus, und ich bin auch nicht gärtnerisch begabt, aber tun wir einfach so als ob.) Ich erkläre Ihnen, dass das Treibhaus ein Geschenk meines Vaters ist. Er baute Geräte nach dem neuesten Stand der Technik ein, um ideale Wachstumsvoraussetzungen zu schaffen. Die Atmosphäre ist perfekt, die Beleuchtung durchdacht. Die Temperatur ist für Blumen, Früchte und alles, was ich will, geeignet, und ich will Blumen und Früchte.

Ich bitte Sie, mit mir Samen zu sammeln, die ich aussäen möchte. Sie haben mich schon immer für ein bisschen verrückt gehalten, aber was ich als Nächstes tue, beseitigt jeden Zweifel. Sie beobachten, wie ich über ein Feld gehe und den Samen von Unkräutern abstreife – Samen von Vogelknöterich, Löwenzahn, Flughafer. Ich fülle einen Beutel mit einer Vielfalt von Unkrautsamen und gehe damit ins Treibhaus.

Sie können Ihren Augen kaum glauben. »Ich dachte, du wolltest ein Treibhaus voller Blumen und Früchte.«

»Stimmt.«

»Denkst du nicht, dass du dann Samen von Blumen und Früchten säen musst?«

»Hast du eine Ahnung, wie viel diese Samen kosten? Außerdem muss man bis zur Gärtnerei fahren, um sie zu bekommen. Nein danke, ich wähle die billige und leichte Lösung.«

Als Sie weggehen, murmeln Sie etwas wie »nicht alle Tassen im Schrank«.

Das Treibhaus des Herzens

Jeder weiß, dass man das erntet, was man gesät hat. Was wir wissen, wenn wir ein Stück Land bepflanzen, vergessen wir seltsamerweise oft, wenn es um unser Herz geht.

Stellen Sie sich doch einmal vor, Ihr Herz sei ein Treibhaus. Die Entsprechungen stellen sich schnell ein. Es ist ebenfalls ein herrliches Geschenk unseres Vaters. Es ist gleichfalls perfekt geeignet, das Wachstum von allem, was darin gesät wurde, zu fördern. Und wie ein Treibhaus, muss es bewirtschaftet werden.

Betrachten Sie einmal Ihre Gedanken als Samen. Einige Gedanken werden Blumen. Andere werden Unkraut. Säen Sie Samen der Hoffnung, und Sie werden Lebensfreude ernten. Säen Sie Samen der Zweifel, und Sie müssen sich auf Ungewissheit gefasst machen. »Was ein Mensch sät, wird er auch ernten« (Gal 6,7).

Wo immer Sie auch hinschauen, werden Sie den Beweis dafür finden. Haben Sie sich schon einmal gefragt, warum manche Menschen praktisch immun gegen Schwarzseherei sind und immer geduldig, lebensbejahend und vergebungsbereit bleiben? Könnte es sein, dass sie fleißig Samen der Güte gesät haben und sich jetzt über ihre Ernte freuen können?

Haben Sie sich schon einmal gefragt, warum andere so griesgrämig und so trübsinnig sind? Sie wären auch so, wenn Ihr Herz ein Treibhaus voller Unkraut und Dornen wäre.

Vielleicht kennen Sie den Witz von dem Mann, der eines Tages abends nach Hause kam und seine Frau sehr übel gelaunt vorfand. Er versuchte eine Stunde lang, sie aufzuheitern. Nichts funktionierte. Schließlich sagte er: »Fangen wir von vorne an und tun wir so, als ob ich eben nach Hause käme.« Er ging hinaus, und als er die Türe öffnet, sagte sie: »Es ist halb acht, und du kommst erst jetzt von der Arbeit?«

Die Frau bekam die Ernte von ein paar unkrautartigen Gedanken. Halten wir kurz an und ziehen einen wichtigen Vergleich mit der Praxis. Wenn das Herz ein Treibhaus ist und unsere Gedanken Samen, sollten wir dann nicht auf das achthaben, was wir säen? Sollten wir nicht die Samen sorgfältig auswählen? Sollte nicht ein Wächter an der Tür stehen? Ist die Bewachung des Herzens nicht eine strategische Aufgabe? Die Bibel beantwortet diese Frage mit Ja: »Vor allem aber behüte dein Herz, denn dein Herz beeinflusst dein ganzes Leben« (Spr 4,23). Oder wie eine andere Übersetzung lautet: »Mehr als alles, achte auf deine Gedanken, denn sie entscheiden über dein Leben« (Anm. d. Übers.: direkt aus dem englischen Text übersetzt).

Welch zutreffende Aussage! Prüfen Sie das Prinzip und sehen Sie, ob Sie nicht derselben Meinung sind.

Zwei Autofahrer stecken im selben Stau. Einer kocht vor Ärger und denkt: *Mein Terminplan gerät durcheinander.* Der andere seufzt erleichtert: *Gute Gelegenheit, etwas langsamer zu treten.*

Zwei Mütter stehen vor derselben Tragödie. Eine ist am Boden zerstört: *Darüber komme ich nie hinweg.* Die andere ist verzweifelt, aber entschieden: *Gott wird mich durchtragen.*

Zwei Geschäftsführer freuen sich über den gleichen Erfolg. Einer klopft sich selbst auf die Schulter und wird eingebildet. Der andere gibt Gott die Ehre und wird dankbar.

Zwei Ehemänner begehen den gleichen Fehler. Einer nimmt schmerzlich an, dass er die Grenze von Gottes Gnade überschritten hat. Der andere nimmt dankbar an, dass er eine neue Tiefe von Gottes Gnade entdeckt hat.

»Vor allem aber behüte dein Herz, denn dein Herz beeinflusst dein ganzes Leben.« Betrachten wir es von einem anderen Blickwinkel her. Angenommen, ich bitte Sie, sich während meiner Abwesenheit um mein Haus zu kümmern. Sie versprechen, alles in Ordnung zu halten. Aber bei meiner Rückkehr finde ich mein Haus wie ein Schlachtfeld vor. Der Teppich ist zerrissen, die Wände verschmiert und die Möbel beschädigt. Ihre Erklärung beeindruckt mich nicht: Einige Radfahrer kamen vorbei und brauchten eine Unterkunft. Dann rief der Fußballverein an und brauchte Platz für eine Party. Und dann war da natürlich die Studentenverbindung. Sie brauchten einen Ort für ihre Aufnahmefeierlichkeiten. Als Eigentümer habe ich eine Frage: »Kannst du nicht Nein sagen? Dies ist nicht dein Haus. Du darfst nicht jeden hereinlassen, der hereinwill.«

Haben Sie schon einmal daran gedacht, dass Gott das Gleiche zu uns sagt?

Unser Herz bewachen

Sie müssen zugeben, dass manche Herzen voller Lumpenpack sind. Egal welches Gesindel anklopft, wir reißen die Tür weit auf. Zorn meldet sich, und wir lassen ihn herein. Rache braucht eine Unterkunft, und wir bieten ihr eine Sitzgelegenheit an. Selbstmitleid will eine Party feiern, also führen wir es in die Küche. Sinnliche Begierde klingelt, und wir beziehen das Bett frisch. Können wir nicht Nein sagen?

Viele können es nicht. Für die meisten von uns ist Gedankenmanagement ein völlig ungewohnter Gedanke. Wir denken viel über Zeitmanagement, Gewichtsmanagement, Personalmanagement und Gewinnmanagement nach. Aber wie steht es mit Gedankenmanagement? Sollten wir das Management unserer Gedanken nicht genauso ernst nehmen wie das Management anderer Dinge? Jesus tat es. Wie ein ausgebildeter Soldat am Tor einer Stadt bewachte er seine Gedanken. Beharrlich überwachte er den Zugang zu seinem Herzen. Vielen Gedanken wurde der Eintritt verwehrt. Möchten Sie einige Beispiele dafür?

Nehmen wir Hochmut? Eines Tages beschloss das Volk, Jesus zum König zu machen. Welch verlockender Gedanke. Die meisten von uns würden auf die königliche Würde erpicht sein. Auch wenn wir die Krone abgelehnt hätten, würden wir uns doch über das Angebot freuen. Jesus nicht. »Jesus merkte, dass sie im Begriff waren, ihn mit Gewalt aufzuhalten und zum König zu machen. Da zog er sich wieder auf den Berg zurück und blieb dort für sich allein« (Joh 6,15).

Ein anderes dramatisches Beispiel ereignete sich während eines Gesprächs zwischen Jesus und Petrus. Der hitzige Apostel protestierte, als Jesus seinen bevorstehenden Tod am Kreuz ankündigte. »Das darf nicht sein. Das darf auf keinen Fall geschehen« (Mt 16,22). Offensichtlich stellte Petrus die Unumgänglichkeit des Kreuzes infrage. Aber er bekam keine Chance. Christus versperrte den Eingang. Er wies den Überbringer und den Urheber der Botschaft ab, als er Petrus erwiderte: »Geh weg von mir, Satan! Du willst mich in die Falle locken. Du siehst die Dinge nur mit den Augen der Menschen und nicht, wie Gott sie sieht« (Mt 16,23).

Und was geschah, als Jesus verspottet wurde? Wurden Sie schon einmal ausgelacht? Jesus erlebte es. Er wurde gerufen, um ein krankes Mädchen zu heilen, doch als er das Haus betrat, wurde ihm gesagt, dass das Kind tot war. Seine Antwort? »Das Mädchen ist nicht tot; es schläft nur.« Die Reaktion der Menschen in dem Haus? »Sie lachten ihn aus.« Wie wir alle musste auch Jesus Demütigungen ertragen. Aber anders als die meisten von uns weigerte er sich, sie zu schlucken. Achten Sie auf seine entschlossene Antwort: »Er ließ die Leute hinauswerfen« (Mt 9,18-26). Für Spötter war weder Raum im Haus des Mädchens noch in den Gedanken Christi.

Jesus bewachte sein Herz. Wenn er es tat, sollten wir dann nicht das Gleiche tun? Auf jeden Fall! »Vor allem aber behüte dein Herz, denn dein Herz beeinflusst dein ganzes Leben« (Spr 4,23). Jesus möchte, dass Ihr Herz fruchtbar ist. Er möchte, dass Sie ein Herz wie er haben. Das ist Gottes Ziel mit Ihnen. Er möchte, dass Sie so wie Jesus Christus denken und handeln (Phil 2,5). Aber wie? Die Antwort ist erstaunlich einfach. Wir können umgewandelt werden, wenn wir eine einzige Entscheidung treffen: *Ich will meine Gedanken der Herrschaft Jesu unterstellen.*

Ein bedeutender Anspruch, den Jesus am Ende des Matthäusevangeliums stellt, wird leicht übersehen. »Mir ist alle Macht im Himmel und auf der Erde gegeben« (Mt 28,18). Jesus besteht darauf, der Generaldirektor von Himmel und Erde zu sein. Er hat das letzte Wort in allen Dingen, besonders auch hinsichtlich Ihrer Gedanken. Er hat zum Beispiel mehr Autorität als Ihre Eltern. Ihre Eltern sagen vielleicht, Sie taugen nichts, doch Jesus sagt, Sie sind wertvoll, und er hat die Herrschaft über Ihre Eltern. Er hat sogar mehr Herrschaft über Sie als Sie selbst. Sie können sich selbst sagen, dass Sie so schlecht sind, dass Ihnen nie vergeben werden kann, aber Jesus hat eine andere Meinung. Wenn Sie ihm die Herrschaft über sich selbst einräumen, dann dürfen Ihre Gedanken sich nicht mehr um Ihre Schuld kreisen.

Jesus hat auch die Herrschaft über die Ideen, die Ihnen kommen. Nehmen wir an, es kommt Ihnen die Idee, einen Laden auszurauben. Jesus hat jedoch deutlich gesagt, dass Stehlen Unrecht ist. Wenn Sie ihm die Herrschaft über Ihre Ideen eingeräumt haben, dann kann die Idee des Diebstahls nicht mehr in Ihren Gedanken bleiben.

Verstehen Sie, was hier mit Gewalt oder Herrschaft gemeint ist? Um ein reines Herz zu haben, müssen wir alle Gedanken der Herrschaft Christi unterstellen. Wenn wir dazu bereit sind, wird er uns verändern, dass wir so werden wie er. Im Folgenden versuche ich zu erklären, wie dies vor sich geht.

Den Eingang bewachen

Kehren wir zum Bild des Treibhauses zurück. Ihr Herz ist ein fruchtbares Treibhaus, das bereit ist, gute Früchte hervorzubringen. Ihre Gedanken sind der Eingang Ihres Herzens – der strategische Ort, an dem Sie entscheiden, welche Samen ausgesät und welche Samen verworfen werden. Der Heilige Geist ist bereit, Ihnen beim Lenken und Filtern der Gedanken, die eindringen wollen, zu helfen. Er kann Ihnen helfen, Ihr Herz zu bewachen.

Er steht mit Ihnen auf der Schwelle. Ein Gedanke naht sich, ein zweifelhafter Gedanke. Reißen Sie die Tür auf und lassen ihn ein? Natürlich nicht. »Wir bezwingen die wiederstrebenden Gedanken und lehren sie, Christus zu gehorchen« (2. Kor 10,5). Sie lassen die Tür nicht unbewacht. Sie stehen mit Hand- und Fußschellen bewaffnet davor, bereit jeden Gedanken, der nicht eintreten soll, gefangen zu nehmen.

Nehmen wir einmal an, ein Gedanke über Ihren persönlichen Wert naht sich. Keck wie ein Kleinstadt-Rowdy stolziert der Gedanke an die Tür und sagt: »Du bist ein Versager. Dein ganzes Leben lang warst du ein Versager. Du hast Beziehungen und Arbeitsplätze und Zukunftspläne verpfuscht. Über deinen Lebenslauf kannst du das Wort *Nichtsnutz* schreiben, denn so einer bist du.«

Der Durchschnittsmensch würde die Tür aufreißen und den Gedanken einlassen. Wie Unkrautsamen würde der Gedanke fruchtbaren Boden vorfinden, Wurzeln schlagen und als Frucht die Dornen der Minderwertigkeitskomplexe tragen. Und der Durchschnittsmensch würde sagen: »Du hast recht. Ich bin ein Nichtsnutz. Komm herein.«

Doch als Christ sind Sie kein Durchschnittsmensch. Sie werden vom Heiligen Geist geleitet. Anstatt den Gedanken hereinzulassen, nehmen Sie ihn fest. Sie legen ihm Handschellen an und führen ihn zum Gericht, wo Sie den Gedanken vor den Richterstuhl Christi stellen.

»Jesus, dieser Gedanke sagt, dass ich ein Nichtsnutz und ein Versager bin und dass ich niemals zu etwas tauge. Was denkst du?«

Sehen Sie, was Sie gerade tun? Sie unterstellen den Gedanken der Herrschaft von Jesus. Wenn Jesus mit dem Gedanken gleicher Meinung ist, lassen Sie ihn ein. Wenn nicht, werfen Sie ihn hinaus. Bei dem genannten Beispiel ist Jesus anderer Meinung.

Wie weiß man, ob Jesus mit dem Gedanken einer Meinung ist oder nicht? Schlagen Sie Ihre Bibel auf. Was denkt Gott über Sie? Epheser 2,10 sollten Sie öfter nachlesen: »Denn wir sind Gottes Schöpfung. Er hat uns in Christus Jesus neu geschaffen, damit wir zu guten Taten fähig sind, wie er es für unser Leben schon immer vorgesehen hat.« Oder wie wäre es mit Römer 8,1: »Also gibt es jetzt für die, die zu Christus Jesus gehören, keine Verurteilung mehr.«

Jeder Gedanke, der besagt, dass Sie minderwertig oder unbedeutend sind, besteht den Test nicht – und erhält keinen Zutritt. Sie haben das Recht, dem Rowdy einen Fußtritt in den Hintern zu verpassen und dann zuzuschauen, wie er Reißaus nimmt.

Nehmen wir ein anderes Beispiel. Der erste Gedanke war ein Rowdy, der nächste Gedanke ist ein Groupie. Es kommt nicht, um Ihnen zu sagen, wie schlecht, sondern wie gut Sie sind. Es eilt an die Tür, und es sprudelt nur so aus ihm heraus: »Du bist so gut. Du bist so wunderbar. Was für ein Glück für die Welt, dass es dich gibt.« In dieser Art scharwenzelt das Groupie immer weiter.

Normalerweise heißt man solche Gedanken gerne willkommen. Doch Sie verhalten sich anders als der Durchschnittsmensch. Sie bewachen Ihr Herz. Sie leben im Heiligen Geist. Und Sie nehmen jeden Gedanken gefangen. Also gehen Sie wieder zu Jesus. Sie unterstellen den Gedanken der Herrschaft von Jesus. Wenn Sie nach dem Schwert des Geistes, dem Wort Gottes, greifen, dann erkennen Sie, dass Gott keinen Gefallen an Stolz hat.

Seid ehrlich in eurem Urteil über euch selbst und messt euch daran, wie viel Glauben Gott euch geschenkt hat (Röm 12,3).

Bewahre Gott mich davor, mit irgendetwas anzugeben. Rühmen will ich mich nur einer Sache: des Kreuzes von Jesus Christus, unserem Herrn (Gal 6,14).

Wie gerne Sie auch diesen Gedanken der Selbstgefälligkeit in das Treibhaus einlassen möchten, Sie können es nicht. Sie lassen nur ein, was Christus erlaubt.

Betrachten wir noch ein Beispiel. Dieses Mal handelt es sich nicht um einen kritisierenden oder einen schmeichelhaften Gedanken, sondern um einen Gedanken der Versuchung. Wenn Sie ein Mann sind, ist der Gedanke grellrot gekleidet. Wenn Sie eine Frau sind, ist der Gedanke der Supermann, den Sie sich schon immer gewünscht haben. Hinzu kommt eine leichte Berührung der Hände, ein gewisser Duft in der Atmosphäre und die Einladung: »Komm, es ist in Ordnung. Wir sind Erwachsene, die beide einwilligen.«

Was tun Sie? Nun, wenn Sie nicht unter der Herrschaft Christi stehen, reißen Sie die Tür weit auf. Aber wenn Sie die Gesinnung Christi haben, treten Sie einen Schritt zurück und sagen: »Nicht so schnell. Du brauchst die Erlaubnis meines großen Bruders.« Also bringen Sie diese nebulöse Angelegenheit vor Jesus und fragen: »Ja oder Nein?« Nirgendwo antwortet er eindeutiger als in 1. Korinther 6,18: »Haltet euch fern von aller Unzucht.«

Der springende Punkt ist folgender: Bewachen Sie den Eingang zu Ihrem Herzen. Unterstellen Sie Ihre Gedanken der Herrschaft von Jesus. Je sorgfältiger Sie die Samen auswählen, umso mehr werden Sie sich über die Ernte freuen.

*Freut euch auf alles, was Gott für euch
bereithält. Seid geduldig, wenn ihr
schwere Zeiten durchmacht,
und hört niemals auf zu beten.*

Römer 12,12

Kapitel 10

Gold im Müll finden
Ein hoffnungsvolles Herz

William Rathje schwärmt für Abfall. Dieser Forscher, der in Harvard studiert hat, ist davon überzeugt, dass wir aus den Müllkippen der Welt viel lernen können. Archäologen haben schon immer Müll untersucht, wenn sie mehr über eine Gesellschaft wissen wollten. Rathje tut das Gleiche; nur wartet er nicht so lange. Das Abfallprojekt, wie er seine Organisation nennt, fährt über den ganzen Kontinent, gräbt Mülldeponien aus und dokumentiert unsere Essgewohnheiten, unsere Kleidermoden und die wirtschaftliche Entwicklung.[20] Rathje kann unserem Abfall einen Sinngehalt abgewinnen.

Seine Organisation dokumentierte, dass der Durchschnittshaushalt zehn bis fünfzehn Prozent seiner festen Nahrung wegwirft. Der Durchschnittsamerikaner produziert ein halbes Pfund Müll pro Tag, und die größte Mülldeponie Amerikas, die in der Nähe von New York liegt, enthält so viel Müll, dass man damit den Panamakanal auffüllen könnte. Laut Rathje zersetzt sich Müll langsamer, als wir bisher annahmen. Er fand lesbare Zeitungen aus der Amtszeit von Präsident Truman. Rathje lernt viel aus unserem Abfall.

Als ich über Rathje las, fragte ich mich, wie man sich fühlt, wenn man ein »Müllologe« ist. Rathjes Einstellung zu Müll fesselt mich, obwohl ich ihm die Schmutzarbeit gerne überlasse. Können wir etwas von ihm lernen? Können wir unsere Einstellung zu all dem Müll, dem wir begegnen, ändern? Wir haben ja schließlich alle unseren Teil Schrott zu ertragen: Verkehrsstaus, Computerviren, Urlaubssperre.

Und dann gibt es Tage, an denen keine Müllkippe all den Schrott aufnehmen könnte, vor dem man steht: Krankenhausrechnungen, Scheidungspapiere, Lohnkürzungen und Treubruch. Was tut man, wenn ein ganzer Lastwagen voller Leid auf einen gekippt wird?

In Rathjes Büro hängt eine eingerahmte Schlagzeile an der Wand, die er aus einer Zeitung ausgeschnitten hat: »Gold im Müll«. Dieser »Müllologe« findet Schätze im Abfall. Auch Jesus tat das. Was jeder andere für ein Unglück hielt, betrachtete er als Gelegenheit. Und da er sah, was andere nicht sahen, fand er, was den anderen entging.

Bereits zu Beginn seines Dienstes sagte Jesus über unser Sehvermögen: »Dein Auge ist das Fenster deines Körpers. Ein klares Auge lässt das Licht bis in deine Seele dringen. Ein schlechtes Auge dagegen sperrt das Licht aus und stürzt dich in Dunkelheit. Wenn schon das, was du für Licht hältst, in dir Dunkelheit ist, wie dunkel wird dann erst die Dunkelheit sein!« (Mt 6,22-23).

Mit anderen Worten, die Art und Weise, wie wir das Leben betrachten, bestimmt, wie wir unser Leben führen. Jesus hat diesen Grundsatz nicht nur ausgesprochen, er hat ihn auch vorgelebt.

Die dunkelste Nacht der Geschichte

In der Nacht vor seinem Tod stürzte eine ganze Deponie voller Schmerz auf Jesus. Irgendwo zwischen dem Gebet in Gethsemane und dem Scheinprozess liegt das wohl dunkelste Geschehen der Menschheitsgeschichte. Obwohl die gesamte Episode wohl kaum länger als fünf Minuten dauerte, lag so viel Schlechtigkeit darin, dass man tausend Müllkippen damit füllen könnte. Außer Jesus hat nicht ein Einziger etwas Gutes getan. Suchen Sie in diesem Geschehen nach einem Gramm Mut oder einem Körnchen Charakterstärke – Sie werden nichts davon finden. Was Sie finden werden, ist ein Komposthaufen voller Falschheit und Treubruch. Doch in allem sah Jesus Grund zur Hoffnung. Seine Einstellung ist ein Beispiel, dem wir folgen können.

»Kommt, lasst uns gehen. Seht, mein Verräter ist schon da!« Noch während er das sagte, kam Judas, einer der zwölf Jünger, inmitten einer mit Schwertern und Knüppeln bewaffneten Menge auf ihn zu. Sie waren von den obersten Priestern und den Ältesten des Volkes geschickt worden. Judas hatte vorher mit ihnen ein Zeichen vereinbart: »Ihr sollt den festnehmen, den ich zur Begrüßung küsse.« Also ging Judas direkt auf Jesus zu. »Ich grüße dich, Rabbi!«, rief er und gab ihm einen Kuss. Jesus sagte: »Mein Freund, tu, wozu du gekommen bist.« Da packten die anderen Männer Jesus und nahmen ihn fest. Einer der Männer um Jesus zog ein Schwert und schlug einem Diener des Hohen Priesters ein Ohr ab. »Steck dein Schwert weg«, befahl ihm Jesus. »Wer das Schwert benutzt, wird durchs Schwert umkommen. Wisst ihr denn nicht, dass ich meinen Vater um Tausende von Engeln bitten könnte, um uns zu beschützen, und er würde sie sofort schicken? Doch wenn ich das täte, wie sollte sich dann erfüllen, was in der Schrift vorausgesagt wird und nun eintreten muss?« Dann sagte Jesus zu den Männern: »Bin ich ein gefährlicher Verbrecher, dass ihr mit Schwertern und Knüppeln bewaffnet ausgerückt seid, um mich festzunehmen? Warum habt ihr mich nicht im Tempel verhaftet? Ich habe doch jeden Tag dort gepredigt. Doch all das geschieht, um die Worte der Propheten zu erfüllen, wie sie in der Schrift aufgeschrieben sind.« Da verließen ihn alle Jünger und flohen. (Mt 26,46-56)

Wäre ein Reporter geschickt worden, um über die Festnahme zu berichten, hätte seine Schlagzeile vielleicht so gelautet:

Eine dunkle Nacht für Jesus
Prediger aus Galiläa von Freunden verlassen

Letzten Freitag wurde er mit Palmzweigen empfangen, letzte Nacht mit Schwertern festgenommen. Die Welt des Jesus von Nazareth spitzte sich zu, als er von einer

Menge Soldaten und wütenden Bürgern in einem Garten außerhalb der Stadtmauern festgenommen wurde. Nur eine Woche nach seinem triumphalen Einzug ist seine Beliebtheit bedenklich gesunken. Sogar seine Anhänger weigern sich, seine Freilassung zu fordern. Die Jünger, die am Anfang der Woche noch stolz darauf waren, in seiner Gegenwart gesehen zu werden, flohen vergangene Nacht von ihm. Da die Öffentlichkeit lautstark seinen Tod verlangt und die Jünger jegliche Bindung an ihn in Abrede stellen, sieht die Zukunft für den gefeierten Prediger düster aus, und der Erfolg seiner Botschaft scheint begrenzt.

Die dunkelste Nacht im Leben Jesu war von einer Krise nach der anderen geprägt. Gleich werden wir sehen, was Jesus sah, aber denken wir zunächst darüber nach, was ein Beobachter im Garten Gethsemane gesehen hätte.

Zuerst hätte er ein *unerhörtes Gebet* gesehen. Jesus hatte eben angstvoll und flehentlich zu Gott gerufen. »Mein Vater! Wenn es möglich ist, lass den Kelch des Leides an mir vorübergehen. Doch ich will deinen Willen tun, nicht meinen« (Mt 26,39). Das war keine ruhige, friedliche Stunde des Gebets. Matthäus berichtet, dass Jesus »traurig war und schreckliche Angst ihn quälte« (26,37). Der Herr »sank zu Boden« (26,39) und schrie zu Gott. Lukas erzählt, Jesus war »von Angst erfüllt« und »sein Schweiß wie Blut auf die Erde tropfte« (Lk 22,44).

Noch nie wurde eine dringendere Bitte auf der Erde ausgesprochen. Und nie hat der Himmel durchdringender geschwiegen. Das Gebet von Jesus blieb unerhört. *Jesus* und *unerhörtes Gebet* im selben Satz? Ist das kein Widerspruch in sich selbst? Würde der Sohn von Henry keinen Ford und das Kind von Bill Gates keinen Computer bekommen? Würde Gott, dem die ganze Welt gehört, seinem eigenen Sohn etwas vorenthalten? Er tat es in jener Nacht. Folglich musste sich Jesus mit dem Dilemma des unerhörten Gebets auseinandersetzen. Und das war erst der Anfang. Schauen wir, wer als Nächstes auftaucht:

»Judas kam inmitten einer mit Schwertern und Knüppeln bewaffneten Menge auf ihn zu. Sie waren von den obersten Priestern und den Ältesten des Volkes geschickt worden ... Da packten die anderen Männer Jesus und nahmen ihn fest.« (Mt 26,47.50)

Judas kam mit einer wütenden Menge. Vom Blickwinkel eines Beobachters aus verkörpert diese Menge eine weitere Krise. Jesus musste sich nicht nur mit unerhörtem Gebet auseinandersetzen, er musste außerdem mit *fruchtlosem Dienst* fertig werden. Genau die Menschen, zu deren Rettung er gekommen war, wollten ihn jetzt festnehmen.

Ich möchte jetzt eine Tatsache nennen, die vermutlich Ihren Eindruck von jener Nacht korrigiert. Vielleicht sehen Sie vor Ihrem inneren Auge, wie Judas etwa ein Dutzend Soldaten anführt, die zwei oder drei Laternen tragen. Matthäus berichtet jedoch, dass eine große Schar kam, um Jesus festzunehmen. Johannes benutzt das griechische Wort *speira* (Joh 18,3). Eine *speira* ist eine Gruppe von mindestens zweihundert Soldaten. Es kann für ein Kommando von bis zu eintausendneunhundert Mann stehen![21]

Aufgrund der Beschreibung sollten wir uns vorstellen, wie einige Hundert Soldaten in den Garten strömten. Fügen Sie dem die zahllosen Schaulustigen hinzu, die Johannes einfach »große Schar« nennt, und Sie haben einen riesigen Menschenauflauf.

In einer Gruppe dieser Größe findet sich gewiss eine Person, die Jesus verteidigt. Er hat so vielen geholfen. All die Predigten. All die Wunder. Jetzt werden sie ihre Frucht tragen. Und so warten wir auf diese eine Person, die erklärt: »Jesus ist unschuldig!« Aber da ist nicht einer. Niemand setzt sich für ihn ein. Die Menschen, zu deren Rettung er gekommen war, haben sich gegen ihn gewandt.

Der Menge können wir fast vergeben. Ihr Kontakt mit Jesus war zu kurz, nur beiläufig. Vielleicht wussten sie es nicht besser. Aber die Jünger wussten es besser. Sie kannten *ihn* besser. Doch verteidigen sie Jesus? Nein! Die bitterste Pille, die Jesus zu schlucken hatte, war der *unglaubliche Treubruch* seiner Jünger.

Judas war nicht der einzige Untreue. Matthäus ist bewundernswert ehrlich, wenn er gesteht: »Da verließen ihn alle seine Jünger und flohen« (26,56).

Das kurze Wort *alle* birgt ganz gewiss viel Schmerz in sich. »Da verließen ihn *alle* seine Jünger.« Johannes, Matthäus, Simon, Thomas. Alle. Wir brauchen nicht weit zurückzugehen, um zu finden, wann dieses Wort das letzte Mal gebraucht wurde. Betrachten Sie den folgenden Vers, der nur wenige Zeilen vor unserem Text steht: »›Nein!‹, beharrte Petrus. ›Nicht einmal, wenn ich mit dir sterben müsste! Ich werde dich niemals verleugnen!‹ Und *alle* anderen Jünger beteuerten dasselbe« (Mt 26,35; Kursivschrift vom Autor).

Alle gelobten Treue, doch *alle* flohen. Als Außenstehende sehen wir nur Treubruch. Die Jünger verließen ihn. Das Volk kehrte sich von ihm ab. Und Gott erhörte ihn nicht. Niemals ist so viel Dreck auf einen einzigen Menschen gekippt worden. Stapeln Sie all die Treulosigkeit schmarotzender Ehemänner, betrügerischer Ehefrauen, ausschweifender Kinder und unehrlicher Arbeiter aufeinander, dann bekommen Sie eine kleine Ahnung davon, was Jesus in dieser Nacht durchzustehen hatte. Menschlich gesehen war die Welt Jesu zusammengebrochen. Keine Antwort vom Himmel, keine Hilfe von den Menschen, keine Treue seitens seiner Freunde.

Jesus steckte bis zum Hals im Müll. So hätte ich die Szene beschrieben. So hätte ein Reporter darüber berichtet, und so hätte ein Zeuge sie geschildert. Aber Jesus sah es nicht so. Er sah etwas ganz anderes. Er war nicht blind gegen all diesen Schmutz, doch er war nicht darauf beschränkt. Irgendwie konnte er im Bösen das Gute, im Leiden das Ziel und in den Problemen die Gegenwart Gottes erkennen.

Wir könnten etwas von Jesu Sehvermögen brauchen, nicht wahr? Wir leben in einer Welt voller Unrat. Unerwünschter Müll kommt uns andauernd in die Quere. Auch wir kennen unerhörte Gebete und vergebliche Träume und unglaubliche Treubrüche, nicht wahr? Wurde Ihnen nicht auch ein ganzer Müllsack voller Schlamassel und Herzeleid überreicht? Ich sehe Sie zustimmend nicken. Darf ich Sie fragen, was Sie damit tun?

Sehen, was Jesus sieht

Sie haben mehrere Möglichkeiten. Sie könnten diesen Müllsack verstecken. Sie können ihn nehmen und unter ihren Mantel stecken und so tun, als sei er nicht da. Doch wir beide wissen, dass wir niemanden täuschen können. Früher oder später wird er sowieso zu stinken anfangen. Oder Sie können den Müllsack tarnen. Sie können ihn grün anmalen, vors Haus stellen und sagen, er sei ein Baum. Aber wieder werden Sie niemanden hinters Licht führen, und bald wird der Sack muffig riechen. Was werden Sie also tun? Wenn Sie sich ein Beispiel an Jesus nehmen, lernen Sie, schwierige Zeiten anders zu sehen. Denken Sie daran: Gott liebt Sie so, wie Sie sind, aber er will Sie auf keinen Fall so lassen, wie Sie sind. Er möchte, dass Sie ein Herz voller Hoffnung haben ... genau wie Jesus.

Jesus tat Folgendes:

Er fand im Bösen das Gute. Es wäre schwierig, jemanden zu finden, der schlechter ist als Judas. Die Bibel sagt, dass Judas »ein Dieb war. Er führte die Kasse der Jünger und entwendete hin und wieder etwas Geld für den eigenen Bedarf« (Joh 12,6). Der Mann war ein Schwindler. Irgendwie brachte er es fertig, in der Gegenwart Gottes zu leben, die Wunder Jesu mitzuerleben und unverändert zu bleiben. Am Ende beschloss er, lieber Geld als einen Freund zu haben, und deshalb verkaufte er Jesus für dreißig Silberstücke. Es tut mir leid, aber jedes Menschenleben ist mehr wert als dreißig Silberstücke. Judas war ein Schuft, ein Betrüger und ein Schmarotzer. Wie könnten wir ihn anders sehen?

Ich weiß es nicht, aber Jesus sah ihn anders. Auge in Auge mit seinem Verräter sagte Jesus zu ihm: »Mein Freund, tu, wozu du gekommen bist« (Mt 26,50). Ich kann mir nicht vorstellen, was Jesus in Judas sah, dass dieser es verdiente, Freund genannt zu werden. Aber ich weiß, dass Jesus nicht lügt, und in diesem Augenblick sah er etwas Gutes in einem sehr schlechten Mann.

Es wäre hilfreich, wenn wir das auch könnten. Wie werden wir dazu fähig? Auch hier gibt uns Jesus Leitlinien. Er hat Judas nicht alle Schuld gegeben. In jener Nacht sah er, dass noch etwas anderes am Werk war: »Aber dies ist [die] Stunde, in der die Macht der Finsternis die Oberhand hat« (Lk 22,53). Judas war keineswegs unschuldig, aber er handelte nicht alleine. Ihre Angreifer handeln ebenfalls nicht alleine. »Denn wir kämpfen nicht gegen Menschen aus Fleisch und Blut, sondern gegen die bösen Mächte und Gewalten der unsichtbaren Welt, gegen jene Mächte der Finsternis, die diese Welt beherrschen, und gegen die bösen Geister in der Himmelswelt« (Eph 6,12).

Die Menschen, die uns hintergehen, sind Opfer einer gefallenen Welt. Wir brauchen ihnen nicht alle Schuld zu geben. Jesus fand genug Gutes an Judas, um ihn Freund zu nennen, und er kann uns helfen, genauso viel Gutes an denen zu finden, die uns verletzen.

Jesus fand nicht nur im Bösen das Gute, *er entdeckte im Leiden das Ziel.* Von den Worten, die Jesus bei seiner Festnahme sagte, beziehen sich etwa ein Drittel auf das Ziel Gottes.

»Wie sollte sich dann erfüllen, was in der Schrift vorausgesagt wird und nun eintreten muss?« (Mt 26,54).

»Doch all das geschieht, um die Worte der Propheten zu erfüllen, wie sie in der Schrift aufgeschrieben sind« (Mt 26,56).

Jesus sah seinen unmittelbar bevorstehenden Kampf als notwendigen Teil eines größeren Planes. Er betrachtete den Konflikt in Gethsemane als wichtigen, aber einmaligen Akt im großen Manuskript von Gottes Drama.

Kürzlich erlebte ich etwas Ähnliches auf einer Reise. Meine Tochter Andrea und ich flogen nach St. Louis. Wegen Stürmen hatte der Flug Verspätung und wurde in eine andere Stadt umgeleitet, wo wir auf der Startbahn festsaßen und darauf warteten, dass die Regenwolken abzogen. Als ich auf meine Uhr schaute, mit den Fingern nervös auf meinem Sitz trommelte und mich fragte, wann wir wohl ankommen würden, stieß mich der Mann auf der anderen Seite des Gangs leicht an und fragte, ob er meine Bibel ausleihen könnte. Ich gab sie ihm. Er wandte sich an das junge Mädchen, das neben ihm saß, öffnete die Bibel, und die beiden lasen für den Rest der Reise in der Heiligen Schrift.

Nach einiger Zeit klarte der Himmel auf, und wir setzten unseren Flug fort. Als wir in St. Louis landeten, gab er mir die Bibel zurück und erklärte mir mit leiser Stimme, dass dies der erste Flug des Mädchens war. Sie war vor Kurzem in die Armee eingetreten und ging zum ersten Mal von zu Hause weg. Er fragte sie, ob sie an Jesus glaubte, und sie sagte, sie wollte glauben, wusste aber nicht wie. Deshalb borgte er sich meine Bibel aus und erzählte ihr von Jesus. Bei der Landung sagte sie ihm, dass sie an Jesus als den Sohn Gottes glaubte.

Seither habe ich immer wieder über dieses Erlebnis nachgedacht. Hat Gott den Sturm geschickt, damit das Mädchen das Evangelium hört? Hat Gott unsere Ankunft hinausgeschoben, damit sie genug Zeit hatte, etwas von Jesus zu erfahren? Das traue ich ihm ohne Weiteres zu.

Jesus hat beschlossen, den Sturm, der ihm begegnete, so zu sehen: eine notwendige Turbulenz im Plan Gottes. Wo andere nur grauen Himmel sahen, sah Jesus eine göttliche Ordnung. Sein Leiden war notwendig, damit die Voraussagen der Propheten in Erfüllung gingen, sein Opfer war notwendig, damit das Gesetz erfüllt wird.

Würden Sie nicht gerne die Welt durch die Augen Jesu sehen? Wo wir ein unerhörtes Gebet sehen, sah Jesus ein erhörtes Gebet. Wo wir nur sehen, dass Gott ferne war, sah Jesus den Plan Gottes. Achten Sie vor allem auf Vers 53: »Wisst ihr denn nicht, dass ich meinen Vater um Tausende von Engeln bitten könnte, um uns zu beschützen, und er würde sie sofort schicken?« Von all den Schätzen, die Jesus im Schmutz entdeckte, ist das der bedeutendste. Er sah seinen Vater. Er sah, dass sein Vater in all den Schwierigkeiten da war. Tausende Engel waren in seiner Sichtweite.

Sicher, Max, aber Jesus war Gott. Er konnte das Unsichtbare sehen. Er hatte Augen für den Himmel und Sehvermögen für das Übernatürliche. Ich kann nicht so sehen, wie er sah.

Vielleicht nicht. Aber unterschätzen Sie Gottes Macht nicht. Er kann Ihre Lebensanschauung verändern.

Brauchen Sie einen Beweis dafür? Nehmen wir das Beispiel von Elisa und seinem Diener. Beide waren in Dotan, wo ein wütender König sein Heer hinschickte, um sie zu vernichten.

> Als der Diener des Propheten am nächsten Morgen aufstand und aus dem Haus trat, war die Stadt umgeben von Truppen, Pferden und Streitwagen. »Mein Herr, was sollen wir tun?«, rief er Elisa zu. »Hab keine Angst!«, sagte Elisa. »Denn es sind mehr auf unserer Seite als auf ihrer.« Und er betete: »Herr, öffne ihm die Augen und lass ihn sehen.« Da öffnete der Herr dem Diener die Augen, und als er aufblickte, sah er, dass das Bergland um Elisa herum voll feuriger Pferde und Streitwagen war. (2. Kön 6,15-17)

Durch Gottes Macht sah der Diener die Engel. Wer sagt, dass das Gleiche nicht auch bei Ihnen geschehen kann?

Gott hat nie versprochen, uns Kämpfe zu ersparen. Er verspricht jedoch, unsere Einstellung zu ihnen zu verändern. Der Apostel Paulus widmet einen ganzen Absatz der Aufzählung von Müllsäcken: Leiden, Not, Verfolgung, Hunger, Entbehrung, Gefahr und gewaltsamer Tod. Das ist eine Aufzählung genau der Dinge, denen wir am liebsten entgehen möchten. »Aber trotz all dem tragen wir einen überwältigenden Sieg davon durch Christus, der uns geliebt hat« (Röm 8,35-37). Eine andere Präposition wäre uns lieber. Wir würden lieber hören: »*abseits* von all dem« oder »*ferne* von all dem« oder gar »*ohne* all das«. Doch Paulus sagt: »*Mitten*« in all dem. Die Lösung besteht nicht darin, die Schwierigkeiten zu vermeiden, sondern unsere Einstellung zu unseren Schwierigkeiten zu verändern.

Gott kann unsere Sichtweise korrigieren.

Er fragt: »Wer macht sie [die Menschen] sehend?« und antwortet selbst darauf: »Ich bin es, der Herr« (2. Mose 4,11). Gott ließ Bileam den Engel, Elisa das Heer, Jakob die Leiter und Saul den Heiland sehen. Zahllose haben wie der Blinde die Bitte ausgesprochen: »Herr, ... ich möchte sehen« (Mk 10,51). Und Zahllosen wurde daraufhin eine klare Sicht geschenkt. Wer sagt, dass Gott nicht das Gleiche für Sie tut?

Singet dem Herrn ein neues Lied!
Die ganze Erde singe dem Herrn!
Singt dem Herrn und lobt seinen Namen.
Verkündet täglich, dass er uns rettet.

Psalm 96,1-2

Freut euch, dass eure Namen
im Himmel aufgeschrieben sind.

Lukas 10,20

Kapitel 11

Wenn der Himmel feiert
Ein freudiges Herz

Gestern Abend hat meine Familie etwas Nettes für mich getan. Sie organisierten mir zu Ehren eine Feier, sie überraschten mich zu meinem Geburtstag mit einem Fest. Anfang letzter Woche hatte ich zu Denalyn gesagt, sie solle nichts planen, außer einem netten Essen mit der Familie in einem Restaurant. Sie hörte nur auf das Wort »Restaurant«. Ich wusste nicht, dass ein halbes Dutzend Familien eingeladen waren.

Ich versuchte sogar, sie zu überreden, zu Hause zu bleiben. »Gehen wir doch ein anderes Mal essen«, schlug ich vor. Andrea war krank gewesen, Jenna hatte Hausaufgaben, und ich hatte den Nachmittag damit verbracht, Fußballspiele anzuschauen, und fühlte mich träge. Ich hatte wirklich keine Lust aufzustehen, mich umzuziehen und auszugehen. Ich dachte, es würde nicht schwer sein, die Mädchen davon zu überzeugen, das Essen zu verschieben. Doch da war ich überrascht! Sie wollten nichts davon hören. Jeder Einwand, den ich vorbrachte, stieß auf eine geschlossene Front und einstimmige Abwehr. Meine Familie machte mir klar: Wir gehen essen.

Außerdem wollten wir dieses Mal sogar pünktlich weggehen. Ich willigte ein und begann, mich umzuziehen. Zu ihrem Missfallen wurde ich nicht schnell genug fertig. Unsere Einstellungen waren grundverschieden. Mein Standpunkt war: *Warum sollte ich mich beeilen?* Meine Töchter drängten mich: *Schneller!* Ich wäre gerne zu Hause geblieben, sie waren erpicht darauf, auszugehen. Ehrlich gesagt war mir ihr Verhalten etwas schleierhaft. Sie waren ungewohnt schnell fertig und merkwürdig aufgedreht. Warum so viel Aufhebens machen? Sara kicherte während der ganzen Fahrt zum Restaurant.

Erst als wir ankamen, verstand ich ihr Verhalten. Kaum hatte ich das Restaurant betreten, begriff ich ihre Begeisterung. Eine ÜBERRASCHUNG! Kein Wunder, dass sie sich anders als sonst verhielten. Sie wussten, was ich nicht wusste. Sie hatten gesehen, was ich nicht gesehen hatte. Sie hatten schon den Tisch gesehen und die Geschenke aufgebaut und den Kuchen gerochen. Da sie von der Feier wussten, taten sie alles, damit ich hinging.

Jesus tut das Gleiche für uns. Er weiß von dem FEST. In einem der bedeutendsten Kapitel der Bibel, in Lukas 15, erzählt er drei Geschichten. Jede Geschichte handelt davon, dass etwas verloren und dann wiedergefunden wurde: ein verlorenes Schaf, eine verlorene Münze und ein verlorener Sohn. Und am Ende jeder Geschichte beschreibt Jesus ein Fest, eine Feier. Der Hirte gibt ein Fest für das verlorene und wiedergefundene Schaf. Die Hausfrau gibt ein Fest wegen ihrer verlorenen und wiedergefundenen Münze. Und der Vater gibt ein Fest zu Ehren seines verlorenen und wiedergefundenen Sohnes.

Drei Gleichnisse, und jedes endet mit einem Fest. Drei Geschichten, und in jeder kommt das Wort *freuen* vor. Über den Hirten, der das verlorene Schaf gefunden hat, sagt Jesus: »Und dann würde er es *voller Freude* auf seinen Schultern nach Hause tragen« (Lk 15,5-6; Kursivschrift vom Autor). Wenn die Hausfrau ihre verlorene Münze findet, ruft sie: »Freut euch mit mir! Denn ich habe die Münze gefunden, die ich verloren hatte« (Lk 15,9; Elb; Kursivschrift vom Autor). Und der Vater des verlorenen Sohnes erklärt dem zähneknirschenden älteren Bruder: »Wir mussten diesen *Freudentag* feiern, denn dein Bruder war tot und ist ins Leben zurückgekehrt! Er war verloren, aber jetzt ist er wiedergefunden!« (Lk 15,32; Kursivschrift vom Autor).

Es ist offenkundig, worauf Jesus hinauswill. Er freut sich am meisten, wenn die Verlorenen gefunden werden. Für ihn gibt es keinen Zeitpunkt, der wichtiger ist als der Zeitpunkt der Errettung.

Für meine Tochter begann die Freude, als ich mich anzog, im Auto saß und auf dem Weg zum Fest war. Das Gleiche geschieht im Himmel. Sobald ein Kind einwilligt, das Kleid der Gerechtigkeit anzulegen und die Reise nach Hause anzutreten, werden im Himmel die Gläser gefüllt, der Saal dekoriert und Konfetti geworfen. »Genauso herrscht Freude bei den Engeln Gottes, wenn auch nur *ein einziger* Sünder bereut und auf seinem Weg umkehrt« (Lk 15,10).

Vor hundert Jahren brachte dieser Vers Charles Spurgeon dazu, Folgendes zu schreiben:

> Es gibt Weihnachtstage im Himmel, wenn Christi Hochamt gefeiert und Christus nicht verherrlicht wird, weil er in einer Krippe zur Welt kam, sondern weil er in einem gebrochenen Herzen geboren wurde. Das sind die Tage, an denen der Hirte das verlorene Schaf auf seinen Schultern heimträgt, an denen die Kirche das Haus gefegt und die verlorene Münze gefunden hat, denn dann werden Freunde und Nachbarn zusammengerufen, und sie freuen sich mit unaussprechlicher Freude und Seligkeit über *einen* Sünder, der Buße tut.[22]

Wie kann man solche Freude erklären? Warum solcher Überschwang? Man muss zugeben, dass die Aufregung etwas seltsam ist. Wir sprechen nicht über ein ganzes Volk oder eine ganze Stadt; wir sprechen von der Freude »über einen einzigen Sünder, der ein neues Leben anfängt.« Wie kann eine einzige Person so viel Begeisterung hervorrufen?

Wer würde sich vorstellen, dass unser Tun solche Auswirkungen im Himmel hat? Wir können leben und sterben und nicht mehr als eine Todesanzeige hinterlassen. Unsere größten Taten auf Erden bleiben weitgehend unbemerkt und werden bald vergessen. Maßen wir uns an zu denken, dass Gott auf uns achtet?

In diesem Vers steht, dass er es tut. Jesus zufolge haben unsere Entscheidungen konkrete Auswirkungen auf die unsichtbare Welt. Wenn wir auf der Erde Tasten anschlagen, werden die Klöppel im Klavier des Himmels in Bewegung gesetzt. Unser Gehorsam zieht die Seile der Glocken in den Türmen des Himmels. Sobald ein Kind ruft, neigt der Vater sein Ohr. Wenn eine

Schwester weint, fließen Tränen von oben. Sobald ein Heiliger stirbt, wird das Tor geöffnet. Und, das Wichtigste, sobald ein Sünder Buße tut, wird jede Arbeit eingestellt, und alle im Himmel feiern.

Diese Reaktion auf unsere Bekehrung ist bemerkenswert. Im Himmel gibt es kein Fest wegen anderer Leistungen, die wir vollbringen. Wenn wir das Abitur bestehen oder ein Geschäft eröffnen oder ein Baby bekommen, bleibt, soweit wir wissen, der himmlische Sekt im Kühlschrank. Warum so viel Aufhebens wegen unserer Bekehrung?

Wir teilen nicht immer diese Begeisterung, nicht wahr? Wenn wir davon hören, dass eine Seele gerettet wurde, lassen wir nicht alles liegen und feiern. Wird ein guter Tag für Sie dadurch noch schöner oder ein schlechter Tag besser? Wir sind vielleicht erfreut – aber übersprudelnd? Zerreißt es uns fast die Brust vor Glück? Fühlen wir uns gedrängt, unsere Freunde zusammenzurufen, den Kuchen anzuschneiden und ein Fest zu feiern? Wenn eine Seele gerettet wird, beginnt in Jesu Herzen ein Feuerwerk der Freude.

Kann man das Gleiche von uns behaupten? Vielleicht sollten wir auf diesem Gebiet unserem Herzen etwas mehr Aufmerksamkeit schenken.

Gottes Meisterwerk

Warum freuen sich Jesus und die Engel über einen Sünder, der Buße tut? Können sie etwas sehen, was uns verborgen bleibt? Wissen sie etwas, was wir nicht wissen? Ohne Frage. Sie wissen, was im Himmel vonstatten geht. Sie haben den Tisch gesehen, sie haben die Musik gehört und können es gar nicht erwarten, Ihr Gesicht zu sehen, wenn Sie ankommen. Ja, besser gesagt, sie können es nicht erwarten, Sie zu sehen.

Wenn Sie ankommen und das Fest sehen, geschieht etwas Wunderbares. Eine letzte Umwandlung wird sich vollziehen. Sie werden wie Jesus sein. Lassen Sie 1. Johannes 3,2 intensiv auf sich einwirken: »Wie wir sein werden, wenn Christus wiederkommt, das können wir uns nicht einmal vorstellen. Aber wir wissen, dass wir bei seiner Wiederkehr *sein werden wie er*, denn wir werden ihn sehen, wie er wirklich ist« (Kursivschrift vom Autor).

Unter all den Geschenken des Himmels werden Sie eines der wichtigsten sein! Sie werden Gottes Hauptwerk, sein Meisterstück sein. Den Engeln wird es den Atem verschlagen. Endlich werden Sie ein Herz wie er haben.

Ihre Liebe wird vollkommen sein.

Sie werden mit strahlendem Gesicht anbeten.

Sie werden jedes Wort hören, das Gott spricht.

Ihr Herz wird rein, Ihre Worte werden wie Edelsteine und Ihre Gedanken wie Schätze sein.

Sie werden genau wie Jesus sein. Zu guter Letzt werden Sie ein Herz wie er haben. Stellen Sie sich das Herz Jesu vor, dann werden Sie Ihr eigenes vor Augen haben. Ohne Schuld, ohne Furcht, begeistert und fröhlich, unermüdlich in der Anbetung, scharfsichtig und urteilsfähig. Ihr Herz wird so rein und unerschöpflich wie ein Gebirgsbach sein. *Sie werden sein wie er.*

Und als ob das nicht genug wäre, alle anderen werden auch so sein wie er. »Der Himmel ist der vollkommene Ort für Menschen, die vollkommen gemacht wurden.«[23]

Der Himmel wird von Menschen bewohnt, die sich von Gott verändern ließen. Alle Streitereien werden aufhören, denn es wird keine Eifersucht mehr geben. Es werden keine Verdächtigungen mehr auftauchen, weil es keine Geheimnisse mehr gibt. Es wird keine Sünde mehr geben. Jede Unsicherheit, jede Furcht gehört der Vergangenheit an. Es gibt nur noch reinen Weizen, ohne Unkraut. Reines Gold, keine Legierung. Reine Liebe, keine Lüsternheit. Reine Hoffnung, keine Angst. Kein Wunder, dass sich die Engel freuen, wenn ein Sünder Buße tut; sie wissen, dass bald ein weiteres Kunstwerk die Galerie Gottes schmücken wird. Sie wissen, was im Himmel vonstatten geht.

Es gibt noch einen anderen Grund für das Fest. Der erste ist der Jubel über unsere Ankunft. Der zweite Grund ergibt sich aus unserer Erlösung. Jesus freut sich, dass wir unterwegs zum Himmel sind, aber er freut sich genauso darüber, dass wir vor der Hölle gerettet sind.

Wovor wir gerettet sind

Die Schrecken der Hölle kann man in einem Satz zusammenfassen: »Gott ist nicht da.« Denken Sie einen Augenblick über folgende Frage nach: Was würde sich abspielen, wenn Gott nicht auf der Erde wäre? Sie denken, dass Menschen jetzt grausam sein können; dann stellen Sie sich vor, wie es ohne die Gegenwart Gottes aussehen würde. Sie denken, wir gehen jetzt rücksichtslos miteinander um; dann stellen Sie sich die Welt ohne den Heiligen Geist vor. Sie denken, dass Einsamkeit und Verzweiflung und Schuld allgegenwärtig sind; dann stellen Sie sich das Leben ohne die Güte Jesu vor. Keine Vergebung, keine Hoffnung, keine guten Taten, kein liebevolles Wort. Keine Nahrung wird in seinem Namen mehr verteilt, es wird kein Lied mehr zu seinem Lob gesungen, nichts wird mehr zu seiner Ehre getan. Wie würde die Welt aussehen, wenn Gott seine Engel, seine Gnade, seine Verheißung auf die Ewigkeit und seine Diener abziehen würde?

Kurz gesagt, es wäre die Hölle. Es gäbe niemanden, der einen tröstet, keine Musik, die einen aufmuntert. Es wäre eine Welt, in der Dichter nicht über Liebe schreiben und Sänger nicht von Hoffnung singen, denn Liebe und Hoffnung wären für immer davongegangen. In der Hölle gibt es keine Kontakte nach außen, und sie lebt nach ihren eigenen Gesetzen. Ihr einziges Lied besteht aus drei Worten: »Hätte ich nur.«

Nach Jesus kennt die Hölle nur einen einzigen Ton, nämlich »Weinen und Zähneknirschen« (Mt 22,13). Aus der Hölle ertönt ein erbärmliches, unaufhörliches Stöhnen, wenn ihre Bewohner erkennen, welche Gelegenheit sie verpasst haben. Was würden sie dafür geben, wenn sie noch einmal eine Chance bekämen. Aber die Chance ist vorbei (Hebr 9,27).

Mögliche Götter und Göttinnen

Verstehen Sie jetzt, warum sich die Engel freuen, wenn ein Sünder Buße tut? Jesus weiß, was auf die Erretteten wartet. Er weiß auch, was auf die Verdammten wartet. Verstehen Sie, warum wir uns auch freuen sollen? Wie können wir uns freuen? Wie können unsere Herzen verwandelt werden, damit wir uns wie Jesus freuen können?

Bitten Sie Gott, dass er Ihnen seinen ewigen Blick für die Welt schenkt. Er sieht die Menschheit recht einfach. Von seiner Sicht aus

- geht ein Mensch entweder durch die enge oder durch die breite Pforte (Mt 7,13-14),
- ist ein Mensch entweder auf dem schmalen oder auf dem breiten Weg unterwegs (Mt 7,13-14),
- baut ein Mensch entweder auf Fels oder auf Sand (Mt 7,24-27),
- ist ein Mensch entweder klug oder gedankenlos (Mt 25,2),
- ist ein Mensch entweder bereit oder nicht bereit (Mt 24,45-51),
- bringt ein Mensch entweder Frucht oder nicht (Mt 25,14-27),
- ist ein Mensch entweder auf dem Weg zum Himmel oder auf dem Weg zur Hölle (Mk 16,15-16).

Als die Titanic sank, wurden über zweitausendzweihundert Menschen in das eisige Wasser des Atlantiks gerissen. An Land wurden die Namen der Passagiere in zwei einfachen Spalten veröffentlicht – gerettet und verloren.[24] Gottes Liste ist genauso einfach.

Unsere Aufzeichnungen sind jedoch aufgrund unnötiger Spalten unübersichtlich geworden. Ist er reich? Ist sie hübsch? In welchem Beruf arbeitet er? Welche Hautfarbe hat sie? Hat sie einen höheren Schulabschluss? Für Gott sind diese Dinge nebensächlich. Und in dem Maße, in dem er uns immer mehr ihm gleichmacht, werden sie auch für uns nebensächlich. »Darum beurteile ich jetzt niemand mehr nach menschlichen Maßstäben« (2. Kor 5,16).

Wenn man ein Herz wie er hat, dann schaut man in die Gesichter der Geretteten und jubelt! Sie sind nicht mehr dem ewigen Tod ausgeliefert und werden bald so wie Jesus sein. Wenn man ein Herz wie er hat, dann schaut man in die Gesichter der Verlorenen und betet. Denn wenn sie nicht umkehren, sind sie bald dem ewigen Tod und der ewigen Qual ausgeliefert.

C. S. Lewis erklärte dies auf seine Weise:

> »Es ist folgenschwer, in einer Gesellschaft möglicher Götter und Göttinnen zu leben, immer daran zu denken, dass der langweiligste und uninteressanteste Mensch, mit dem man spricht, eines Tages ein Wesen sein kann, das man am liebsten anbeten würde, wenn man einmal vor ihm steht, oder ein solches Scheusal und Ungeheuer, wie man ihm nur in einem Albtraum begegnet. Den ganzen Tag lang helfen wir gewissermaßen einander, das eine oder das andere zu werden.«[25]

Deshalb ist meine Herausforderung an Sie einfach. Bitten Sie Gott, dass er Ihnen seinen ewigen Blick für die Welt schenkt. Jeder Mensch, mit dem Sie zusammenkommen, hat eine Einladung zum Festessen erhalten. Wenn einer Ja sagt, feiern Sie! Und wenn einer träge reagiert wie ich gestern Abend, dann tun Sie, was meine Töchter taten. Rütteln Sie ihn auf und drängen Sie ihn, sich fertig zu machen. Das Fest beginnt bald, und Sie möchten nicht, dass er es verpasst.

Wir wollen den Wettlauf bis zum Ende durchhalten, für den wir bestimmt sind.

Hebräer 12,1

Kapitel 12

Stark bleiben bis zum Schluss

Ein Herz, das durchhält

In einem meiner Regale steht ein Buch über Gymnastik zur Stärkung der Bauchmuskulatur. Auf dem Einband prangt eine Nahaufnahme von einem Mann, der seinen flachen Bauch zur Schau stellt. Auf seinem Körper sind mehr Muskelstränge als Wellen auf einem Teich an einem windigen Tag. Begeistert kaufte ich mir das Buch, las die Pflichtübungen und führte sie aus... eine Woche lang.

Neben diesem Buch liegt eine Kassettenreihe zum Erlernen des Schnelllesens. Denalyn hatte die Idee zu dem Kauf, und als ich die Werbung las, war ich begeistert. Der Kurs sichert zu, für meinen Verstand das zu tun, was das Gymnastikbuch für meinen Bauch verspricht – ihn zu Stahl zu machen. Auf der Hülle wird beteuert, dass man nach sechzehn Lektionen zweimal so schnell lesen und noch dazu sich doppelt so viel merken kann wie vorher. Man braucht nur die Kassetten anzuhören – was ich auch zu tun gedenke... irgendwann einmal.

Und dann habe ich noch ein Glasgefäß mit wichtigen Mineralstoffen. Ein Kilogramm reine Gesundheit. Wenn ich eine Kapsel am Tag schlucke, nehme ich die erforderliche Menge an Kalzium, Chlorid, Magnesium, Natrium und sechsundsechzig anderen lebenswichtigen Stoffen auf. (Sie enthält sogar etwas Eisen, was gut ist, denn ich bin bisher bei meinem Versuch gescheitert, stählerne Bauchmuskeln und einen ehernen Verstand zu bekommen.) Der Idealist, der mir die Mineralstoffe verkaufte, überzeugte mich davon, dass ein Betrag von fünfundzwanzig Euro für Gesundheit wirklich preiswert ist, und ich stimme ihm zu. Nur vergesse ich immer, die Kapseln zu nehmen.

Bitte verstehen Sie mich richtig. Nicht alles in meinem Leben ist halb fertig. (Dieses Buch ist – fast – beendet.) Aber ich gestehe, dass ich nicht alles, was ich anfange, zu Ende führe. Wahrscheinlich bin ich dabei nicht der Einzige. Befinden sich unter Ihrem Dach angefangene und halb abgeschlossene Pläne? Vielleicht haben Sie einen Heimtrainer, der bisher hauptsächlich als Handtuchhalter diente, oder einen Keramikkurs für Selbstunterricht, den Sie noch nicht ausgepackt haben? Oder handelt es sich um eine halb fertige Terrasse, einen halb ausgegrabenen Teich oder einen halb angelegten Garten? Und schweigen wir lieber von Diäten und Gewichtsreduzierung, oder?

Sie wissen so gut wie ich, dass es eine Sache ist, etwas anzufangen. Es ist jedoch etwas ganz anderes, das Angefangene auch zu beenden. Womöglich denken Sie, ich erzähle Ihnen jetzt, wie wichtig es ist, alles zum Abschluss zu bringen. Möglicherweise machen Sie sich auf Tadel gefasst.

Wenn dem so ist, können Sie beruhigt sein. »Fangen Sie nicht an, was Sie nicht zu Ende führen können«, gehört nicht zu meinen Leitsätzen. Und ich werde jetzt auch nicht erzählen, womit der Weg zur Hölle gepflastert ist. Ehrlich gesagt, glaube ich nicht, dass man alles zu Ende bringen soll, was man angefangen hat. (Jeder Schüler mit Hausaufgaben spitzt jetzt die Ohren.) Es ist besser, manche Vorhaben nicht auszuführen und manche Pläne aufzugeben. (Obwohl ich Hausaufgaben hier nicht einbeziehen würde.)

Wir können von der Idee, alles zu Ende bringen zu müssen, geradezu besessen werden, sodass wir die Zweckmäßigkeit aus den Augen verlieren. Nur weil ein Projekt auf dem Tisch liegt, bedeutet dies nicht, dass es nicht wieder in die Schublade zurückgelegt werden kann. Nein, ich möchte Sie nicht dazu überreden, alles zu Ende zu bringen. Ich möchte Sie vielmehr ermutigen, das *Richtige* zu Ende zu führen. Manche Dinge sind freiwillig – wie etwa ein Waschbrettbauch oder Schnelllesen. Andere sind wesentlich – wie der Lauf des Glaubens. Wir wollen »den Wettlauf bis zum Ende durchhalten, für den wir bestimmt sind« (Hebr 12,1).

Der Lauf

Wenn es das Golfspiel zur Zeit des Neuen Testaments gegeben hatte, dann hätten die Verfasser bestimmt Beispiele aus diesem Bereich gewählt. Doch da es nicht existierte, schrieben sie über Wettläufe. Das Wort *Lauf* kommt vom griechischen *agon*, von dem wir das Wort *Agonie* ableiteten. Der Lauf eines Christen ist kein gemütliches Dahintrotten, sondern ein anstrengendes, strapaziöses Rennen und manchmal ein verzweifeltes Ringen. Gewaltsame Anstrengungen sind erforderlich, um bis zum Schluss durchzuhalten.

Wahrscheinlich haben Sie bemerkt, dass es vielen nicht gelingt. Sie haben bestimmt beobachtet, dass viele auf der Seite der Piste dahin trotten. Früher liefen sie. Ehemals hielten sie Schritt. Aber dann machte sich Müdigkeit breit. Sie hatten nicht gedacht, dass der Lauf so mühsam sein würde. Oder sie wurden von einer Steigung entmutigt oder von einem anderen Läufer eingeschüchtert. Was immer auch der Grund ist, sie laufen nicht mehr. Sie sind vielleicht Christen. Sie gehen vielleicht zur Kirche, legen einen Euro in den Opferstock und wärmen eine Kirchenbank, aber ihr Herz ist nicht beim Lauf. Sie haben sich vor der Zeit zurückgezogen. Wenn sich nichts ändert, wird ihr bestes Werk ihr erstes Werk bleiben, und sie werden wimmernd ans Ziel kommen.

Dagegen war das beste Werk Jesu sein letztes Werk, und sein stärkster Schritt war sein letzter. Unser Herr ist das klassische Beispiel von einem, der durchgehalten hat. Der Verfasser des Hebräerbriefes fährt fort, was Jesus »Anfeindung von den sündigen Menschen erdulden musste. Das wird euch helfen, mutig zu bleiben und nicht aufzugeben« (Hebr 12,3; Luther). Die Bibel sagt, dass Jesus »erduldet«, das heißt, dass er durchgehalten hat, und gibt dabei zu verstehen, dass er hätte abbrechen können. Der Läufer hätte aufgeben, sich hinsetzen und nach Hause gehen können. Er hätte aus dem Rennen ausscheiden können. Aber er tat es nicht. Er hielt durch, auch als schlechte Menschen ihm viel Böses antaten.

Der Widerstand

Haben Sie schon einmal über das Böse nachgedacht, das Jesus angetan wurde? Fallen Ihnen Momente ein, in denen Jesus hätte aufgeben können? Zum Beispiel bei seiner Versuchung? Wir alle wissen, wie es ist, einen Augenblick der Versuchung oder eine Stunde der Versuchung oder gar einen Tag der Versuchung zu ertragen. Aber *vierzig* Tage? Dem musste sich Jesus stellen. »Der Geist brachte ihn in die Wüste, wo der Teufel ihn vierzig Tage lang in Versuchung führte« (Lk 4,1-2).

Wir stellen uns die Versuchung in der Wüste als drei voneinander unabhängige Ereignisse vor, die über einen Zeitraum von vierzig Tagen verteilt waren. Wenn es nur so gewesen wäre! In Wirklichkeit wurde Jesus ohne Unterlass auf die Probe gestellt: Jesus wurde vierzig Tage lang von dem Teufel versucht. Satan klammerte sich an Jesus und ließ nicht mehr von ihm ab. Bei jedem Schritt flüsterte er ihm ins Ohr. Bei jeder Abbiegung entfachte er Zweifel. Übte der Teufel eine Wirkung auf Jesus aus? Anscheinend ja. Lukas schreibt nicht, der Teufel *probierte es*, Jesus zu versuchen. Nein, die Stelle ist eindeutig: »Der Teufel *versuchte* Jesus.« Jesus war *versucht, er wurde auf die Probe gestellt*. Versucht, auf die andere Seite zu wechseln? Versucht, nach Hause zu gehen? Versucht, sich für ein Königreich auf Erden zu entscheiden? Ich weiß es nicht, aber ich weiß, dass er versucht war. In ihm tobte ein Kampf. Von außen wurde er bedrängt. Und da er versucht war, hätte er aus dem Rennen ausscheiden können. Aber er tat es nicht. Er lief weiter.

Die Versuchung hielt ihn nicht auf, und auch Anschuldigungen nicht. Können Sie sich vorstellen, wie es ist, an einem Wettlauf teilzunehmen und von den Zuschauern kritisiert zu werden?

Vor einigen Jahren nahm ich an einem Rennen teil. Nichts Ernsthaftes, nur ein Geländelauf, um etwas Geld für einen wohltätigen Zweck zusammenzubringen. Da ich nicht der klügste Läufer bin, begann ich mit einer unmöglichen Geschwindigkeit. Nach einem guten Kilometer schnappte ich nach Luft. Zur rechten Zeit jedoch ermutigten mich die Zuschauer. Sie spornten mich an. Eine mitfühlende Dame teilte Gläser mit Wasser aus, eine andere besprityte uns mit einem Gartenschlauch. Ich hatte diese Leute nie zuvor gesehen, aber das machte nichts. Ich brauchte Ermutigung, und das gaben sie mir. Unterstützt durch ihre Zuversicht machte ich weiter.

Was wäre geschehen, wenn ich in den mühevollsten Teilen des Rennens Worte der Anschuldigung anstatt der Ermutigung gehört hätte? Und wenn die Anschuldigungen nicht von Fremden gekommen wären, die ich hätte ignorieren können, sondern von meinen Nachbarn und meiner Familie?

Würde es Ihnen gefallen, wenn jemand Ihnen folgende Worte zubrüllt, wenn Sie laufen:

»He, du Lügner! Warum machst du nichts Anständiges aus deinem Leben?« (siehe Joh 7,12).

»Hier kommt der Ausländer. Warum gehst du nicht nach Hause, wo du hergekommen bist?« (siehe Joh 8,48).

»Seit wann dürfen die Kinder des Teufels am Rennen teilnehmen?« (siehe Joh 8,48).

Das passierte Jesus. Seine eigenen Angehörigen hielten ihn für geistesgestört. Seine Nachbarn behandelten ihn sogar noch schlimmer. Als Jesus in seine Heimatstadt zurückkehrte, wollten sie ihn von einem steilen Abhang herunterstürzen (Lk 4,29). Doch Jesus gab den Lauf nicht auf. Von Versuchungen ließ er sich nicht abhalten. Anschuldigungen konnten ihn nicht abhalten. Auch Beschämung entmutigte ihn nicht.

Bitte denken Sie gründlich über die schwerste Prüfung nach, die Jesus in dem Lauf durchstehen musste. In Hebräer 12,2 lesen wir folgende aufschlussreiche Aussage: »Jesus war bereit, den Tod der Schande am Kreuz zu sterben.«

Schande ist etwas, dessen man sich schämen muss, ein Gefühl der Schmach, der Peinlichkeit, der Demütigung. Verzeihen Sie mir, wenn ich Ihnen jetzt unangenehme Dinge ins Gedächtnis zurückrufe, aber ich möchte Sie jetzt fragen, ob es in Ihrem Leben nicht auch Dinge gibt, die Sie beschämend finden? Können Sie sich vorstellen, wie entsetzlich es wäre, wenn jeder davon wüsste? Wenn ein Videofilm von diesem Ereignis

Ihrer Familie und Ihren Freunden vorgespielt würde? Wie würden Sie sich fühlen?

Genau das fühlte Jesus. *Warum?* fragen Sie. *Er tat nie etwas Verwerfliches.* Er nicht, aber wir. Und da Gott ihn am Kreuz zur Sünde machte (2. Kor 5,21), wurde Jesus mit Schande überhäuft. Vor seiner Familie wurde Schande über ihn gebracht: Er wurde vor seiner eigenen Mutter und seinen nächsten Angehörigen nackt ausgezogen. Vor seinen Mitbürgern wurde Schande über ihn gebracht: Er wurde gezwungen, ein Kreuz zu tragen, unter dessen Gewicht er taumelte. Vor seiner Kirche wurde Schande über ihn gebracht: Die Geistlichen und Ältesten seiner Zeit verspotteten und beschimpften ihn. Vor der Stadt Jerusalem wurde Schande über ihn gebracht: Er wurde verurteilt, wie ein Verbrecher zu sterben. Wahrscheinlich haben Eltern von ferne mit dem Finger auf ihn gezeigt und ihren Kindern zugeflüstert: »Schaut, das geschieht mit bösen Männern.«

Doch die Schande vor den Menschen war nichts im Vergleich zu der Schmach, die Jesus vor seinem Vater empfand. Unsere persönliche Schande kommt uns schon unerträglich vor. Können Sie sich vorstellen, was es bedeutet, die vereinte Schande der ganzen Menschheit zu tragen? Eine Welle der Schande nach der anderen wurde auf Jesus geladen. Obwohl er nie betrogen hatte, wurde er als Schwindler verurteilt. Obwohl er nie gestohlen hatte, wurde er als Dieb betrachtet. Obwohl er nie gelogen hatte, wurde er für einen Lügner gehalten. Obwohl er nie wollüstiges Verlangen hatte, trug er die Schande eines Ehebrechers. Obwohl er immer glaubte, ertrug er die Schmach eines Ungläubigen.

Solche Worte werfen eine drängende Frage auf: Wie? Wie ertrug er solche Schmach? Was gab Jesus die Kraft, die Schande der ganzen Welt zu ertragen? Wir brauchen eine Antwort, nicht wahr? Wir werden wie Jesus versucht. Wir werden wie Jesus angeklagt. Wir empfinden Scham wie Jesus. Aber anders als Jesus geben wir auf. Wir können nicht mehr weiter. Wir setzen uns hin. Wie können wir laufen wie Jesus? Wie kann unser Herz eine Ausdauer wie Jesus bekommen?

Indem wir uns auf das konzentrieren, worauf Jesus sich konzentrierte: auf die »Freude, [die] ihn danach erwartete« (Hebr 12,2).

Die Belohnung

Dieser Vers ist möglicherweise das größte Zeugnis, das je über die Herrlichkeit des Himmels geschrieben wurde. Hier ist keine Rede von goldenen Straßen oder von Engeln mit Flügeln. Musik oder Feste werden nicht erwähnt. Nicht einmal das Wort *Himmel* findet man in diesem Vers. Doch wenn auch das Wort fehlt, so ist doch die Kraft da.

Vergessen Sie nicht, dass der Himmel für Jesus nichts Fremdes war. Er ist die einzige Person, die auf Erden lebte, *nachdem* sie im Himmel gelebt hatte. Als Gläubige werden Sie und ich nach einiger Zeit auf der Erde im Himmel leben, doch Jesus machte es genau umgekehrt. Er kannte den Himmel, bevor er auf die Erde kam. Er wusste, was bei seiner Rückkehr auf ihn wartete. Und dieses Wissen befähigte ihn, auf der Erde die Schande zu tragen.

Er achtete die Schande gering, weil eine so große Freude auf ihn wartete (Hebr 12,2). In seinen letzten Augenblicken konzentrierte sich Jesus auf die Freude, die Gott ihm in Aussicht stellte. Er konzentrierte sich auf den Preis des Himmels. Da er sich auf den Preis konzentrierte, konnte er nicht nur den Lauf zu Ende bringen, sondern bis zum Schluss durchhalten und stark bleiben.

Ich tue mein Bestes, um das Gleiche zu erreichen. In einer weit weniger wichtigen Zerreißprobe versuche ich, bis zum Schluss durchzuhalten.

Sie lesen jetzt das vorletzte Kapitel dieses Buches. Mehr als ein Jahr lang lebte ich mit diesen Seiten: Ich baute Gedanken auf, arbeitete Abschnitte aus, suchte nach besseren Verben und schlüssigeren Folgerungen. Und jetzt ist das Ende in Sicht.

Das Schreiben eines Buches gleicht in vielerlei Hinsicht einem Langstreckenlauf. Am Anfang steht die stürmische Begeisterung.

Dann immer wieder ein Nachlassen der Energie. Man denkt ernsthaft daran, aufzugeben, doch dann kommt man mit einem Kapitel überraschend schnell voran, wie bei einem Lauf bergab. Gelegentlich wird man von einem Gedanken beflügelt. Oft ermüdet einen ein Kapitel – ganz abgesehen von jenen endlosen Überarbeitungen, auf denen unbarmherzige Herausgeber bestehen. Aber die meiste Arbeit geschieht im Rhythmus eines Langstreckenläufers: lange, manchmal einsame Strecken bei gleichbleibender Geschwindigkeit.

Und dann gegen Ende, wenn die Ziellinie in Sicht kommt und die Herausgeber zufrieden sind, dann werden die Sinne wie betäubt. Man will bis zum Schluss durchhalten, stark bleiben. Man sucht ernsthaft nach der Intensität, die man Monate früher hatte, aber man findet sie nicht mehr. Die Worte verwischen, die Bilder verschwimmen, und der Verstand ist vernebelt. Man braucht einen Anstoß, einen Energieschub, eine Eingebung.

Darf ich Ihnen sagen, wo ich das finde? (Es klingt vielleicht komisch, aber lassen Sie mich gewähren.) In all den Jahren, in denen ich Bücher geschrieben habe, ist ein Ritual entstanden. Wenn ich ein Projekt abgeschlossen habe, feiere ich ein Fest. An Sekt liegt mir nichts, und Zigarrenrauchen habe ich aufgegeben, aber ich habe etwas weit Angenehmeres gefunden. Es besteht aus zwei Abschnitten.

Der erste ist ein Moment der Stille vor Gott. Sobald das Manuskript abgeschickt ist, suche ich mir ein ruhiges Plätzchen und halte inne. Ich sage nicht viel, und – so war es zumindest bisher – sagt Gott auch nicht viel. Der Zweck liegt nicht so sehr im Sprechen als in einem Hochgefühl, in der wohltuenden Befriedigung, eine Aufgabe abgeschlossen zu haben. Gibt es ein angenehmeres Gefühl? Der Läufer fühlt das Zielband auf der Brust. Es ist vorbei. Wie herrlich schmeckt der Wein am Ende der Reise.

Dann (das klingt jetzt wirklich sehr weltlich) gehe ich essen. Während des Endspurts lasse ich öfter Mahlzeiten aus, deshalb bin ich hungrig. Einmal ging ich mexikanisch essen. Ein anderes Mal ließ ich mir ein Essen in ein Hotelzimmer bringen und schaute dabei ein Basketballspiel an. Manchmal leistet mir Denalyn

Gesellschaft, manchmal esse ich alleine. Das Menü ist jedes Mal anders, und auch meine Begleiter sind nicht immer dieselben, aber eines ändert sich nie: Während des ganzen Essens denke ich nur an Eines: *Ich bin fertig.* Ich verbiete mir die Planung künftiger Projekte und denke nicht an die Aufgaben des nächsten Tages. Ich schwelge in einer Scheinwelt und tue so, als sei mein Lebenswerk vollendet.

Und während dieses Essens verstehe ich ein kleines bisschen, woher Jesus seine Kraft nahm. Er schaute über den Horizont hinaus und sah den Tisch. Er konzentrierte sich auf das Fest. Und was er sah, gab ihm die Kraft, bis zum Schluss weiterzumachen, stark zu bleiben.

Solch ein Augenblick erwartet uns. In einer Welt, in der Bauchmuskeltraining und Schnelllesen vergessen sind, nehmen wir am Tisch Platz. In einer Stunde, die kein Ende hat, werden wir uns ausruhen. Umgeben von Heiligen und bei Jesus selbst geborgen, wird unsere Arbeit tatsächlich zu Ende sein. Die letzte Ernte wird eingebracht sein, wir sitzen an unserem Platz, und Christus eröffnet das Essen mit diesen Worten: »Gut gemacht, mein guter und treuer Diener« (Mt 25,23).

In diesem Augenblick wird sich der Lauf gelohnt haben.

*Ich bete, dass eure Herzen hell erleuchtet werden,
damit ihr die wunderbare Zukunft,
zu der er euch berufen hat,
begreift und erkennt, welch reiches und herrliches
Erbe er den Gläubigen geschenkt hat.*

Epheser 1,18

Schluss

Aufsehen zu Jesus

Es gibt Zeiten, in denen wir *sehen*. Und es gibt Zeiten, in denen wir sehen. Ich erkläre Ihnen, was ich damit meine:

Alles ändert sich an dem Morgen, an dem Sie das Schild mit der Aufschrift »Zu verkaufen« am Boot Ihres Nachbarn entdecken. Sein schwarzes Luxusboot, auf das Sie schon drei Sommer lang erpicht waren. Plötzlich zählt nichts anderes mehr. Wie von einem Magnet angezogen fährt Ihr Auto auf den Parkplatz neben dem Boot. Sie stoßen einen Seufzer aus, als Sie Ihren Traum in der Sonne glänzen sehen. Sie fahren mit dem Finger über den Bug und können sich kaum losreißen. Während Sie es anstarren, fühlen Sie sich an den Bodensee versetzt, und vor Ihrem inneren Auge gibt es nur noch Sie, das glasklare Wasser und Ihr Boot.

Oder vielleicht trifft der folgende Abschnitt eher auf Sie zu:

Alles ändert sich an dem Tag, an dem er das Klassenzimmer betritt. Er hat genug Selbstbewusstsein, um cool zu wirken, ist chic gekleidet und sieht echt gut aus. Er geht nicht so schnell, dass er nervös wirkt, und nicht so langsam, dass man ihn für hochnäsig halten könnte. Sie haben ihn schon öfter gesehen, aber nur in Ihren Träumen. Jetzt ist er wirklich da. Sie können den Blick nicht von ihm losreißen. Am Ende der Unterrichtsstunde kennen Sie jede Haarlocke und jede Wimper auswendig. Und am Ende dieses Tages beschließen Sie, dass er der Ihrige sein muss.

Es gibt Zeiten, in denen wir sehen. Und dann gibt es Zeiten, in denen wir *sehen*. Es gibt Zeiten, in denen wir beobachten und Zeiten, in denen wir versuchen, alles im Gedächtnis zu behalten. Es gibt Zeiten, in denen wir Dinge flüchtig wahrnehmen, und Zeiten, in denen wir aufmerksam auf sie achten. Die meisten von uns wissen, was es bedeutet, ein neues Boot oder einen neuen

Jungen zu sehen... Aber wissen wir, wie es ist, Jesus zu sehen? Wissen wir, was »unsere Augen auf Jesus gerichtet halten« (Hebr 12,2) bedeutet?

In den ersten zwölf Kapiteln untersuchten wir, was es bedeutet, wie Jesus zu sein. Die Welt hat noch nie ein so reines Herz und einen so makellosen Charakter erlebt. Sein geistliches Gehör war so fein, dass er nie ein Flüstern des Himmels überhörte. Seine Barmherzigkeit war so groß, dass er nie eine Gelegenheit zum Vergeben versäumte. Keine Lüge ging über seine Lippen, sein Blick wurde durch nichts abgelenkt. Er berührte Menschen, vor denen andere zurückwichen. Er hielt durch, wo andere aufgaben. Jesus ist das höchste Vorbild für jeden Menschen. Und was wir auf diesen Seiten getan haben, ist genau das, wozu Gott uns für den Rest unseres Lebens auffordert. Er bittet uns inständig, auf Jesus zu sehen. Der Himmel fordert uns auf, unser Herz auf das Herz des Erlösers auszurichten und ihn zum Ziel unseres Lebens zu machen. Aus diesem Grund möchte ich unsere gemeinsame Zeit mit folgender Frage abschließen: Was bedeutet es, Jesus zu *sehen*?

Die Hirten können Ihnen das erklären. Ihnen genügte es nicht, die Engel zu sehen. Eigentlich hätte ihnen das reichen müssen: der lichterfüllte Nachthimmel, die Stille, aus der plötzlich Gesang hervorbrach. Einfache Hirten wurden von einem Engelchor mit dem Lied »Ehre sei Gott in der Höhe« aus dem Schlaf gerissen. Nie zuvor hatten diese Männer eine solche Pracht gesehen.

Aber es genügte ihnen nicht, die Engel zu sehen. Die Hirten wollten den einen sehen, der die Engel gesandt hatte. Da sie sich nicht zufriedengaben, bis sie ihn sahen, kann man die lange Reihe der Jesus-Sucher auf einen Mann auf dem Weideplatz zurückverfolgen, der sagte: »Kommt, gehen wir... und *sehen* (Lk 2,15; Kursivschrift vom Autor).

Nicht lange nach den Hirten kommt ein Mann namens Simeon. Lukas berichtet: »Ihm [Simeon] hatte der Heilige Geist offenbart, dass er nicht sterben würde, bevor er den vom Herrn gesandten Christus gesehen hätte« (Lk 2,26). Diese Prophezeiung wurde nur wenige Tage, nachdem die Hirten Jesus gesehen hatten, erfüllt. Irgendwie wusste Simeon, dass das in Decken gewickelte Bündel in den Armen Marias der Allmächtige Gott war. Und Simeon genügte es, Jesus zu sehen. Jetzt war er bereit zu sterben. Manche Menschen wollen nicht sterben, bevor sie nicht die Welt gesehen haben. Simeons Traum war nicht so bescheiden. Er wollte den Schöpfer der Welt sehen, bevor er starb. Er musste Jesus sehen.

Er betete: »Herr, nun kann ich in Frieden sterben! Wie du es mir versprochen hast, habe ich den Retter *gesehen*« (Lk 2,29-30; Kursivschrift vom Autor).

Die Weisen hatten denselben Wunsch. Wie Simeon wollten sie Jesus sehen. Wie die Hirten gaben sie sich nicht mit dem zufrieden, was sie am Nachthimmel gesehen hatten. Der Stern war wirklich aufsehenerregend, einmalig. Es war ein Vorrecht, Zeuge dieses strahlenden Himmelskörpers zu sein. Doch den Weisen genügte das nicht. Es genügte ihnen nicht, das Licht über Bethlehem zu sehen; sie mussten den sehen, der das LICHT von Bethlehem war. Sie kamen, um ihn zu sehen.

Und es gelang ihnen! Jesu Bereitschaft ist eindrucksvoller als ihr Eifer. Jesus wollte gesehen werden! Ob sie von der Viehweide oder aus dem Palast kamen, ob sie im Tempel oder unter Schafen lebten, ob ihr Geschenk aus Gold oder bloß aufrichtiges Staunen war... sie waren alle willkommen. Suchen Sie nach einem einzigen Beispiel von einem Menschen, der das Jesuskind sehen wollte und abgewiesen wurde. Sie finden keines.

Allerdings werden Sie Beispiele von Menschen finden, die ihn nicht suchten. Diese gaben sich wie König Herodes mit weniger zufrieden. Oder denken Sie an die religiösen Führer, die lieber über ihn lasen, als ihn sehen wollten. Das Verhältnis zwischen denen, die sich ihn entgehen ließen, und denen, die ihn suchten, ist tausend zu eins. Doch das Verhältnis zwischen denen, die ihn suchten, und denen, die ihn fanden, war eins zu eins. *Alle, die ihn suchten, fanden ihn.* Lange bevor folgende Worte geschrieben wurden, hat sich die Verheißung erfüllt: »Wer zu ihm kommen möchte, muss glauben, dass Gott existiert und dass er die, die ihn aufrichtig suchen, belohnt« (Hebr 11,6).

Die Beispiele nehmen kein Ende. Denken Sie an Johannes und Andreas. Auch sie wurden belohnt. Denn ihnen genügte es nicht, Johannes dem Täufer zuzuhören. Die meisten hätten sich damit zufriedengegeben, im Schatten des berühmtesten Evangelisten der Welt zu dienen. Hätten sie einen besseren Lehrer finden können? Nur einen. Und als Johannes und Andreas ihn sahen, verließen sie Johannes den Täufer und folgten Jesus nach. Achten Sie auf die Frage, die sie ihm stellten.

»Rabbi, wo wohnst du?« (Joh 1,38). Eine ziemlich dreiste Frage. Sie fragten Jesus nicht, ob sie ihn kurz stören könnten, sie baten ihn nicht um seine Meinung zu einem bestimmten Thema, um eine Botschaft oder um ein Wunder. Sie fragten ihn nach seiner Adresse. Sie wollten mit ihm zusammen sein. Sie wollten ihn kennenlernen. Sie wollten wissen, worauf er achtete, wofür sein Herz brannte und wonach seine Seele sich sehnte. Sie wollten lernen, was seine Aufmerksamkeit erregte, und sie wollten ihm nachfolgen. Sie wollten ihn sehen. Sie wollten wissen, worüber er lachte und ob er jemals müde wurde. Und vor allem wollten sie wissen: *Kann es wahr sein, was Johannes von Jesus gesagt hat – und wenn ja, was in aller Welt tut Gott auf der Erde?* Auf eine solche Frage findet man keine Antwort, wenn man nur mit seinem Vetter spricht. Dazu muss man mit dem Mann selbst sprechen.

Welche Antwort gab Jesus den Jüngern? »Kommt mit, dann werdet ihr es sehen« (V. 39). Er sagte nicht: »Kommt und schaut schnell vorbei.« Er sagte: »Kommt und seht.« Bringt eure Lupen und Ferngläser mit. Hier geht es nicht darum, schnell einen flüchtigen Blick auf etwas zu werfen. »[Lasst uns] unsere Augen auf Jesus gerichtet halten, von dem unser Glaube vom Anfang bis zum Ende abhängt« (Hebr 12,2).

Genau das tat Matthäus. Vielleicht erinnern Sie sich daran, dass Matthäus bei seiner Arbeit bekehrt wurde. Er selbst berichtet, dass er als Zolleinnehmer für die Regierung arbeitete. Für seine Nachbarn war er ein Schwindler. Er saß in einem Zollhäuschen und hielt die Hand auf. An diesem Platz befand er sich an dem Tag, an dem er Jesus sah. »Komm, folge mir«, sagte der Herr, und Matthäus stand auf und folgte ihm. Und im nächsten

Vers erfahren wir, dass Jesus bei Matthäus zum Essen eingeladen wird (Mt 9,10).

Ein paar auf der Straße gewechselte Worte konnten sein Herz nicht zufriedenstellen. Deshalb lud Matthäus Jesus zu sich nach Hause ein. Manchmal tun sich beim Essen Dinge, die bei einem Gespräch am Schreibtisch unmöglich sind. Legen Sie die Krawatte ab, schalten Sie den Grill an, holen Sie etwas zu trinken und verbringen Sie den Abend mit dem, der die Sterne erschaffen hat. »Weißt du, Jesus, verzeih meine Frage, aber ich wollte schon immer wissen...«

Wieder ist das Annehmen dieser Einladung beeindruckender als ihr Aussprechen. Jesus machte sich nichts daraus, dass Matthäus ein Dieb war und dass er sich aufgrund unstatthafter Gebührenforderungen ein stattliches Haus leisten konnte. Was zählte, war, dass Matthäus Jesus kennenlernen wollte, und da Gott die »ihn aufrichtig suchen, belohnt« (Hebr 11,6), wurde Matthäus mit der Gegenwart Christi in seinem Haus belohnt.

Natürlich war es angebracht, dass Jesus Zeit mit Matthäus verbrachte. Schließlich gehörte Matthäus zur Elite der Elite. Er war auserwählt, das erste Buch des Neuen Testaments zu schreiben. Jesus verkehrt nur mit Männern wie Matthäus, Andreas und Johannes, nicht wahr?

Darf ich diese Meinung mit einem Beispiel widerlegen? Zachäus war kein hohes Tier. Er war so klein, dass er nicht über die Menschenmenge schauen konnte, die an dem Tag, als Jesus nach Jericho kam, die Straßen säumte. Natürlich hätten die Menschen ihm die Möglichkeit geben können, sich nach vorne durchzudrängen, doch er war unbeliebt, denn er war wie Matthäus ein Zolleinnehmer. Und wie Matthäus sehnte er sich danach, Jesus zu sehen.

Es genügte ihm nicht, hinter der Menge zu stehen und durch ein selbst gebasteltes Fernrohr aus Pappe zu spähen. Es genügte ihm nicht, zu hören, wie ein anderer den Einzug des Messias beschreibt. Zachäus wollte Jesus mit eigenen Augen sehen.

Deshalb kletterte er auf einen Baum. In seinem dreiteiligen Anzug und seinen nagelneuen italienischen Lederschuhen erklomm er schlecht und recht einen Baum, in der Hoffnung, Christus zu sehen.

Ich frage mich, ob wir dazu auch bereit wären. Würden Sie auf einen Baum klettern, um Jesus zu sehen? Nicht jeder würde das tun. In derselben Bibel, in der wir davon lesen, wie Zachäus auf den Baum kletterte, lesen wir über einen jungen Herrn. Im Gegensatz zu Zachäus machte ihm die Menge Platz. Er war der ... hm ... *reiche* junge Herr. Als er hörte, dass Jesus in der Gegend war, rief er seinen Chauffeur und ließ sich durch die Stadt zu dem Zimmermann fahren. Achten Sie auf die Frage, die er Jesus stellte: »Meister, was muss ich Gutes tun, um das ewige Leben zu bekommen?« (Mt 19,16).

Er kam sofort zum Wesentlichen, dieser junge Herr. Er hatte keine Zeit für Höflichkeitsfloskeln oder Gespräche. »Kommen wir gleich zur Sache. Du hast einen vollen Terminkalender, und ich auch. Sage mir, wie ich gerettet werden kann, und ich lasse dich in Ruhe.«

Seine Frage war in Ordnung, das Problem lag vielmehr in seinem Herzen. Vergleichen Sie seinen Wunsch mit dem von Zachäus: »Schaffe ich es, auf diesen Baum zu klettern?«

Oder vergleichen Sie ihn mit Johannes und Andreas: »Wo wohnst du?«

Oder mit Matthäus: »Kannst du heute Abend zu mir kommen?«

Oder mit Simeon: »Werde ich so lange leben, bis ich ihn sehe?«

Oder mit den Weisen: »Sattelt die Kamele. Wir suchen, bis wir ihn finden.« Oder mit den Hirten: »Lasst uns gehen ... und sehen.«

Erkennen Sie den Unterschied? Der reiche junge Herr wollte Arznei. Die anderen wollten den Arzt. Der junge Herr wollte eine Antwort auf eine Denksportaufgabe. Sie wollten den Lehrer. Er hatte es eilig. Sie hatten alle Zeit der Welt. Er begnügte sich mit einer Tasse Kaffee im Stehausschank. Sie gaben sich mit nichts weniger als einem Fünf-Gänge-Menü an der Festtafel zufrieden. Sie wollten mehr als Errettung. Sie wollten den Retter. Sie wollten Jesus sehen.

Sie meinten ihre Suche ernst. Hebräer 11,6 : »Gott...belohnt, die ihn suchen« wird in manchen Übersetzungen so wiedergegeben: »Gott...belohnt, die ihn ernsthaft suchen« oder »Gott...belohnt, die ihn aufrichtig suchen« oder »Gott...belohnt, die ihn eifrig suchen«.

Eifrig – welch bemerkenswertes Wort. Suchen Sie eifrig, verlangend. Halten Sie auf Ihrer Pilgerfahrt durch. Möge dieses Buch eines unter vielen sein, in dem Sie von Jesus lesen. Möge diese Stunde eine der zahllosen Stunden sein, in denen Sie Jesus aufsuchen. Lassen Sie ab von dem belanglosen Trachten nach Besitz und Ansehen und suchen Sie Ihren König auf.

Geben Sie sich nicht mit Engeln zufrieden. Begnügen Sie sich nicht mit den Sternen am Himmel. Spüren Sie ihn auf wie die Hirten. Sehnen Sie sich nach ihm wie Simeon. Beten Sie ihn an wie die Weisen. Fragen Sie wie Johannes und Andreas nach seiner Adresse. Laden Sie ihn wie Matthäus zu sich nach Hause ein. Machen Sie es wie Zachäus. Riskieren Sie alles, um Jesus zu sehen.

Gott belohnt die, die *ihn* suchen. Nicht die, die eine Lehre oder eine Religion oder Gedankengebäude oder Glaubensbekenntnisse suchen. Viele begnügen sich mit diesen geringeren Leidenschaften, doch der Lohn geht an die, die sich mit nichts weniger als Jesus zufriedengeben. Und worin besteht der Lohn? Was wartet auf die Menschen, die Jesus suchen? Nichts weniger als das Herz Jesu. »Und der Geist des Herrn wirkt in uns, sodass wir ihm immer ähnlicher werden und immer stärker seine Herrlichkeit widerspiegeln« (2. Kor 3,18).

Können Sie sich ein größeres Geschenk vorstellen, als wie Jesus zu werden? Jesus hatte keine Schuldgefühle; Gott möchte Ihre vertreiben. Jesus hatte keine schlechten Angewohnheiten; Gott möchte Ihnen Ihre abnehmen. Jesus hatte keine Angst vor dem Tod; Gott möchte, dass Sie furchtlos sind. Jesus war freundlich zu Kranken, barmherzig zu Aufsässigen und nahm mutig Herausforderungen an. Gott will, dass Sie auch so werden.

Gott liebt Sie so, wie Sie sind, aber er will Sie auf keinen Fall so lassen, wie Sie sind. Er möchte, dass Sie so werden wie Jesus.

Arbeitsanleitung

Kapitel 1
Ein Herz wie seines

Das Herz Jesu finden

1. Was würde sich in Ihrem Leben ändern, wenn Jesus wirklich an Ihre Stelle treten würde?
   A. Wer wäre über Ihr »neues Wesen« erstaunt? Warum?
   B. Müssten Sie irgendwelche Interessen wahren? Wenn ja, wessen Interessen?

2. Da Gott will, dass Sie ein Herz wie er haben (»einen neuen Menschen, den Gott nach seinem Bild geschaffen hat«, lesen wir in Epheser 4,23-24), überprüfen Sie sich:
   A. Wie steht es heute um Ihr Herz?
   B. Was geschähe bei einem geistlichen »Belastungstest«? Würden die Ergebnisse davon abhängen, was in Ihrem Leben von Tag zu Tag geschieht? Erklären Sie das näher.
   C. Was müssten Sie konkret unternehmen, um ein Herz wie Jesus zu bekommen?

3. Gott möchte, dass Sie so werden wie er, aber er liebt Sie so, wie Sie sind. Beschreiben Sie Ihr »Ich«, das von Gott geliebt wird.
   A. Worin liegen Ihre Gaben, Talente, Fähigkeiten, Sorgen, Befürchtungen, Eigenheiten, Fehler, Bedürfnisse, Wünsche?
   B. Inwieweit wäre all das anders, wenn Sie »ein Herz wie seines« hätten? Welche Bereiche Ihres Wesens würden »abgehauen«?

4. Jesu Gedanken, Handlungen und sein ganzes Wesen spiegelten seine enge Gemeinschaft mit seinem Vater wider. Dadurch war sein Herz im höchsten Grade geistlich.
   A. Beschreiben Sie ein »geistliches Herz«.
   B. Beschreiben Sie die Unterschiede zwischen Ihrem Herzen und dem Herzen Christi.

5. Lucado schreibt, wir haben Gottes »Kraftstrom angezapft«, aber die meisten unter uns nutzen seine ganze Fülle nicht.
   A. Beschreiben Sie, wie Sie Gottes »Kraftstrom« nutzen. Wie viel von seinem Licht setzen Sie bei der Arbeit, zu Hause, in Ihrer Gemeinde ein?
   B. Was können Sie beim Nachdenken über das Herz Christi lernen?

Die Gesinnung Jesu erforschen

1. Lesen Sie Philipper 2,5-13.
   A. Wir sollen die gleiche Haltung wie Christus haben, »wie Jesus Christus denken und handeln«. Wie schwer fällt Ihnen das? Was ist daran so schwierig? Erklären Sie das näher.
   B. Wie viel Mühe sind Sie willens auf sich zu nehmen, um der Aufforderung dieses Abschnitts nachzukommen? Wie sieht diese Mühe konkret aus?
   C. Worauf müssen Sie bei Ihrem Herzen am meisten achten?

2. In Epheser 4,20-32 werden einige konkrete Dinge aufgezählt, von denen Christen, die als »Kinder des Lichts« leben wollen, ablassen müssen.
   A. Mit welchem Bereich Ihres »alten Ichs« haben Sie die meisten Schwierigkeiten?
   B. Was können Sie sich zu diesem Punkt heute vornehmen?

3. Jesus war sündlos – seine Worte und Taten waren immer rein. Lesen Sie 1. Johannes 3,1-10.
   A. Welches Gefühl haben Sie, wenn Sie daran denken, ein Vorbild wie ihn zu haben? Empfinden Sie das als beängstigend oder eher als beruhigend?
   B. Jesus hat Ihnen seine eigene sündlose Person geschenkt und möchte Sie gerne so umgestalten, dass Sie so sind wie er. Wie kann dieser Gedanke Sie anspornen, wie er zu werden? Tut er das? Erklären Sie es näher.

Die Hände Jesu werden

1. Schreiben Sie Kolosser 3,10 auf ein Kärtchen und hängen Sie dieses so auf, dass Sie es jeden Tag sehen. Lernen Sie diesen Vers auswendig und danken Sie Gott dafür, dass er Sie so sehr liebt und Sie so umgestaltet, damit Sie werden wie er!

2. Stellen Sie sich ein paar Minuten lang vor, dass Sie vor einer besonders heiklen Aufgabe stehen, eine, mit der Sie normalerweise zu kämpfen haben. Stellen Sie sich jetzt vor, wie Sie diese Angelegenheit mit »einem Herz wie seinem« handhaben würden. Beten Sie dann, dass Gott Ihnen hilft, mit einer wirklichen Angelegenheit so umzugehen, wie Sie es in Ihrer Vorstellung taten. Wenn Sie das nächste Mal vor einer solchen Aufgabe stehen, schreiben Sie in Ihr Tagebuch, was geschah, und erkennen Sie, wie Gott ehrliche Gebete erhört!

Kapitel 2
Die Menschen lieben, die einem lästig sind
Ein vergebendes Herz

Das Herz Jesu finden

1. Denken Sie darüber nach, »wie einengend eine Verpflichtung sein kann«.
   A. Haben Sie schon eine einengende Verpflichtung erlebt?
   B. Wo erleben Sie eine solche einengende Verpflichtung – gegenüber Ihrem Ehepartner, Kind, Angestellten oder einer anderen Person? Erklären Sie es näher.
   C. Empfanden Sie die Dauerhaftigkeit einer Verpflichtung schon als beängstigend oder frustrierend? Wenn ja, beschreiben Sie Ihre Reaktion.
   D. Wenn Sie zur Zeit das Gefühl haben, für jemanden sorgen zu müssen, und Ihnen dies lästig ist (ein schwererer Fall von »Reinfallitis«), würden Sie dann am liebsten fliehen, kämpfen oder vergeben? Erklären Sie das näher.
   E. Was würden Sie empfinden, wenn Sie wüssten, dass dieser Mensch Ihnen gegenüber das Gleiche fühlt? Denken Sie, dass jemand Ihnen gegenüber so empfindet? Wenn ja, erklären Sie das näher.

2. Jesus konnte Menschen lieben, die gar nicht liebenswert waren.
   A. Zählen Sie einige Menschen auf, die zu lieben Ihnen schwerfällt. Warum ist das so?
   B. Zählen Sie einige Menschen auf, denen es vielleicht schwerfällt, Sie zu lieben. Warum ist das so?

3. Jesus wusste, dass niemand von ihm »erwartete«, die Arbeit des geringsten Dieners zu verrichten, als er, wie in Johannes 13 beschrieben, die Füße der Jünger wusch. Denken Sie da-

ran, dass er sich voll und ganz bewusst war, dass sie ihn in der Stunde der größten Not verlassen würden – und doch diente er ihnen mit einem Herzen voller Liebe.

   A. Wenn Füßewaschen heute noch Sitte wäre, wären Sie dann bereit, einem der Menschen zu dienen, die Sie unter Frage 1 oder 2 aufgezählt haben? Erklären Sie es näher.

   B. Denken Sie an jemanden, der »Ihre Füße gewaschen« hat, obwohl Sie es nicht verdient haben. Wie waren die Umstände?

4. Wenn Sie Ihren Blick von der »problematischen Person« weg auf Jesus richten, was geschieht mit Ihrer Fähigkeit, dieser Person zu vergeben?

   A. Nennen Sie die Sünden, die Jesus Ihnen alleine an diesem Tag vergeben musste. Sind »Wiederholungssünden« darunter? Erklären Sie es näher.

   B. Wenn Sie sich all der Arbeit bewusst werden, die Jesus an Ihnen verrichten musste, sind Sie dann bereit, für andere das Gleiche zu tun? Wie reagieren Sie auf Menschen, die Ihnen ständig und wiederholt die gleichen Probleme bereiten?

5. Lucado erinnert uns daran, dass sich im ganzen Saal zur Feier des Passahfestes nur ein einziger Mann befand, der es wert war, dass ihm die Füße gewaschen wurden, und das war derjenige, der den anderen die Füße wusch. Der eine, der hätte bedient werden sollen, wurde freiwillig zum Diener.

   A. Zählen Sie einige Beziehungen auf, die Sie durch unerwartete Fußwaschungen verbessern könnten.

   B. Wie könnten Sie jemandem »die Füße waschen«? Wie denken Sie, würde das aufgenommen werden? Erklären Sie es näher.

   C. Gehören einige der Betroffenen zu Ihrer Familie? Wenn ja, wird dadurch das Füßewaschen leichter oder schwieriger? Warum?

Die Gesinnung Jesu erforschen

1. Befassen Sie sich eingehend mit Kolosser 3,12-17.
   A. Setzen Sie in diesem Abschnitt, wo es passend ist, die Namen von Menschen ein: »Kommt mit _____ aus und tragt es _____ nicht nach, wenn er euch Unrecht getan hat.«
   B. Wiederholen Sie jetzt diese Übung und bitten Sie Gott, jemandem zu helfen, Sie zu ertragen.

2. Versetzen Sie sich in die Situation, die in Johannes 13,1-17 beschrieben wird.
   A. Sie sitzen da und warten und warten. Wo bleibt denn dieser verflixte Diener? Dann steht zu guter Letzt auch noch Ihr Herr auf, um die Arbeit zu verrichten. Was empfinden Sie, während Sie ihn bei der Arbeit beobachten? Was denken Sie?
   B. Wenn Sie dabei gewesen wären und gewusst hätten, was Judas zu tun gedachte, hätten Sie wie Jesus seine Füße gewaschen? Erklären Sie das näher.

3. In Epheser 4,32 steht: »Seid freundlich und hilfsbereit zueinander und vergebt euch gegenseitig, was ihr einander angetan habt, so wie Gott euch durch Christus vergeben hat.« Lesen Sie den folgenden Vers (Eph 5,1).
   A. Wie schmutzig wurde Gott, als er sich herabbeugte, um Sie zu reinigen? Wie schmutzig gedenken Sie sich zu machen, um Gottes Beispiel zu folgen?
   B. Epheser 5,2 fährt fort: »Euer ganzes Leben soll von der Liebe bestimmt sein. Denkt daran, wie Christus uns geliebt und sein Leben für uns gegeben hat, als eine Opfergabe, an der Gott Gefallen hatte.« Welche Änderung müssen Sie mit Gottes Hilfe vornehmen, damit Ihr Leben ein Opfer wird, das Gott angenehm ist? Erklären Sie es näher.
   C. Gibt es in Ihrem Leben einen Judas? Können Sie für ihn tun, was Jesus für Judas getan hat?

Die Hände Jesu werden

1. Danken Sie Gott für seine tägliche Barmherzigkeit und Vergebung. Sprechen Sie Ihre Dankbarkeit für seine grenzenlose Gnade aus. Befassen Sie sich gründlich mit der biblischen Wahrheit, dass er Ihrer Sünden nicht mehr gedenkt, dass sie so weit von ihm sind wie der »Morgen vom Abend«!

2. Die betrogene Frau am Ende dieses Kapitels war barmherzig mit ihrem Mann. Sie vergab und war bereit, ihre Verletzungen loszulassen. Sie sagte: »Machen wir weiter.« Denken Sie an eine Person, die Sie verletzt hat. Beschließen Sie heute, den gleichen Vorgang in die Wege zu leiten. Bitten Sie Gott, Ihnen zu helfen, seine/ihre Füße in seiner Liebe zu baden, und vergessen Sie bewusst die Verletzung. Beten Sie für diese Person und die Situation. Bitten Sie Gott, Ihnen zu zeigen, wie Sie die Verletzung vergeben und diesen Menschen so lieben können wie Jesus.

Kapitel 3
Die Berührung Gottes
Ein mitfühlendes Herz

Das Herz Jesu finden

1. Erinnern Sie sich an einige Begebenheiten, als die »Hände Gottes« für Sie sorgten. Was empfanden Sie dabei?

2. Glauben Sie, dass Sie »Hände des Himmels« haben? Erklären Sie das näher. Suchen Sie gewohnheitsmäßig nach Gelegenheiten, um mit diesen Händen für andere zu sorgen?

3. Haben Sie schon einmal jemanden aus Ihrem Leben ausgeschlossen, sozusagen »unter Quarantäne gestellt«?
   A. Wenn ja, wie war oder ist die Situation? Warum haben Sie diesen Menschen aus Ihrem Leben verbannt?
   B. Was würde Sie dazu bringen, diesem Menschen wieder Zutritt zu Ihrem Leben zu gewähren?

4. Obwohl die Krankheit des Aussätzigen durch die Worte Jesu geheilt wurde, betont Lucado, dass erst die liebevolle Berührung Jesu die Einsamkeit des Mannes vertrieb.
   A. Beschreiben Sie Zeiten Ihres Lebens, als keine Worte Sie erreichten, aber eine Berührung mehr als Worte ausdrückte.
   B. Ist es leichter, über »göttliche Berührung« zu sprechen, als sie in die Tat umzusetzen? Erklären Sie das näher.
   C. Ist es für Sie leicht oder schwer, eine solche Berührung anzunehmen? Warum?

5. Erstellen Sie eine Liste von Möglichkeiten, einen Menschen innerlich zu »berühren«, ohne ihn körperlich anzufassen (zum Beispiel: Briefe, Besuche usw.)

Die Gesinnung Jesu erforschen

1. Lesen Sie noch einmal die Geschichte von dem geheilten Aussätzigen aus Matthäus 8,1-4. Lesen Sie ebenfalls Markus 1,40-45 und Lukas 5,12-16. Alle drei Evangelisten erwähnen die Berührung Jesu sowie seine heilenden Worte.
   A. Warum hielt Jesus es Ihrer Meinung nach für so wichtig, den Mann körperlich zu berühren?
   B. Wäre die Geschichte ohne die Berührung abgewertet? Erklären Sie es näher.

2. Markus berichtet, dass der geheilte Aussätzige, trotz des Verbots von der Heilung zu sprechen, überall frei und offen davon erzählte.

A. Warum hat Jesus dem Mann befohlen zu schweigen?
B. Was geschah, als der Mann überall davon erzählte?
C. Hätten Sie schweigen können, wenn mit Ihnen solch ein Wunder geschehen wäre? Erklären Sie es näher.

3. Luther übersetzt Kolosser 3,12 wie folgt: »So zieht nun an... herzliches Erbarmen, Freundlichkeit...« Anziehen ist eine bewusste Handlung, die wir absichtlich tun; es geschieht nicht von selbst. Aber da wir es jeden Tag tun, wird es zu einer natürlichen Handlung.
   A. Denken Sie an jemanden, der eine mitfühlende Gesinnung hat? Wie drückt sich diese Gesinnung in den Taten, Worten und dem Verhalten dieses Menschen aus?
   B. Wie können Sie mit der Hilfe des Herrn mehr Mitgefühl zeigen?

Die Hände Jesu werden

1. Danken Sie zunächst dem Herrn für die Menschen, die sich die Zeit genommen haben, Ihnen Mitgefühl und Freundlichkeit zu erweisen, als Sie es am Nötigsten hatten. Bringen Sie diese Menschen namentlich vor den Herrn. Sagen Sie ihnen dann persönlich, durch einen Brief oder einen Anruf, was ihr Dienst Ihnen bedeutete.

2. Bitten Sie Gott, Ihnen jemanden zu zeigen, der diese besondere »göttliche Berührung« braucht. Wahrscheinlich wissen Sie schon, wer es ist. Wenn Sie Widerstand in sich spüren (»Nicht er/sie! Nicht ich – ich kann das nicht!«), dann bitten Sie den Herrn, Ihre Hände in seine zu verwandeln, und liefern Sie ihm Ihre Hände aus. Tun Sie dann, wozu er Sie führt.

Kapitel 4
Gottes Musik hören
Ein hörendes Herz

Das Herz Jesu finden

1. Die Heilige Schrift erinnert uns oft daran, dass es nicht genug ist, Ohren zu haben – wir müssen sie auch gebrauchen. Das Problem ist, dass wir es oft nicht tun.
   A. Wir sollen »wie Schafe hören«, die der wohlbekannten Stimme ihres Herrn folgen. Wie versuchen Sie, regelmäßig Gottes Stimme zu hören?
   B. Wie können Sie mit dem Herrn so vertraut werden, dass Sie sofort »die Stimme des Fremden« erkennen würden? Wie kann man falsche Lehren ausmachen, wenn man sie hört?

2. Jesus hat es sich zur Gewohnheit gemacht zu beten. Lucado sagt, Jesus schaffte »in seinem Terminkalender Platz«, um mit seinem Vater zu sprechen.
   A. Beschreiben Sie Ihr Gebetsleben. Wird Ihnen manchmal am Ende eines Tages bewusst, dass Sie dieses Vorrecht völlig vernachlässigt haben? Wie verliefen diese Tage für Sie?
   B. Was würde in Ihrer Ehe oder Familie, in Ihrem Freundes- oder Kollegenkreis geschehen, wenn Ihre Verständigung mit den Betroffenen so wäre wie die Kommunikation zwischen Ihnen und Ihrem Retter?

3. Jesus war mit der Bibel außerordentlich vertraut.
   A. Jesus kannte die Bibel und wusste sie zu gebrauchen. Wie gut können Sie Bibelstellen auswendig?
   B. Wie leicht fällt es Ihnen, einen bestimmten Vers ausfindig zu machen?

C. Verstehen Sie die meisten Bibelstellen so gut, um sie wirksam anwenden zu können? Erklären Sie das näher.
D. Wie gut können Sie anderen Menschen, insbesondere solchen, die Jesus nicht kennen, Bibelstellen erklären?

4. Wenn wir wie Jesus sein wollen, dann muss Gott uns erreichen können.
   A. Wollen Sie wirklich »erreichbar« sein? Erklären Sie das näher.
   B. Wie können Sie ihm Ihr ganzes Leben, Ihr ganzes Wesen ausliefern? Werden Sie konkret.
   C. Wann ist für Sie die beste Zeit, so lange auf ihn in Bibelarbeit und Gebet zu hören, bis Sie für jeden Tag Ihre Lektion erhalten haben? Nutzen Sie diese Zeit aus?

5. Die Bibel sagt, dass wir würdig sind, weil Christus so viel für uns getan hat. Wir haben nichts getan, um solch eine vornehme Stellung zu verdienen. Deshalb möchte er, dass wir ihm unser Herz ganz öffnen.
   A. Wie reagieren Sie auf solch unverdiente Liebe? Warum?
   B. Was geschieht zwischen Gott und Ihnen, wenn Sie ihm Ihr Herz öffnen?

Die Gesinnung Jesu erforschen

1. Lesen Sie das Gleichnis vom Sämann in Markus 4,1-20.
   A. Prüfen Sie sich: Welcher Same beschreibt Sie am besten? Warum?
   B. Welche Änderungen sind gegebenenfalls erforderlich, um Sie zu Samen zu machen, der auf gutes Land fällt und hundertfache Frucht bringt?

2. Johannes 10,1-18 beschreibt die Beziehung zwischen einem Hirten und seinen Schafen, wie auch die zwischen dem Herrn und seinen Jüngern. In diesem Abschnitt steht, dass Schafe

vor einem Fremden »fliehen«, weil sie ihn nicht kennen. Sie sind so sehr auf ihren Herrn eingestellt, dass sie keinen anderen wollen, und der Herr liebt seine Schafe so sehr, dass er sein Leben für sie lässt.
   A. Welche Vorteile haben Schafe, wenn sie sich eng an ihren Herrn halten?
   B. Welche Gefahren lauern, wenn sie sich von ihm entfernen?
   C. Glauben Sie, dass Schafe sich mit der Frage, ob sie »würdig« sind, herumquälen? Erklären Sie es näher.
   D. Welche Parallelen können Sie zwischen Schafen und Menschen ziehen?

3. Wenn wir wie Jesus sein wollen, müssen wir regelmäßig mit Gott sprechen und auf sein Wort hören.
   A. Römer 12 enthält eine Reihe von Anweisungen für Menschen, die im Einklang mit dem Herrn leben möchten. Warum sollen wir diese Dinge tun? Wie sollen wir sie tun?
   B. Wie kann man seine Gebetszeit zur Anbetung Gottes machen?
   C. Was bedeutet »beharrlich im Gebet«?
   D. Kann man beharrlich im Gebet sein, ohne sich Zeit zum Bibellesen zu nehmen? Erklären Sie das näher.

Die Hände Jesu werden

1. Da wir im Kommunikationszeitalter leben, stürmen so viele Informationen auf uns ein, dass wir überfordert werden. Zeitungen, Zeitschriften, Fernsehen und das Internet schreien geradezu nach unserer Aufmerksamkeit. Nehmen Sie sich für diese Woche vor, so viel Zeit mit Bibellesen wie mit Ihrer Zeitung oder vor dem Fernseher zu verbringen. Schreiben Sie dann auf, welchen Unterschied Sie in Ihrem Leben feststellen.

2. Wenn Sie es noch nicht tun, dann führen Sie Tagebuch über Ihren Weg mit dem Herrn. Schreiben Sie einen Monat lang die Bibelstellen auf, die Sie durcharbeiten und wie viel Zeit Sie danach mit Gott im Gebet verbracht haben. Spüren Sie die positiven Veränderungen in Ihrer Beziehung zum Herrn und zu anderen Menschen auf.

Kapitel 5
Geführt von einer unsichtbaren Hand
Ein von Gott berauschtes Herz

Das Herz Jesu finden

1. Wir sind immer in der Gegenwart Gottes.
   A. Ist diese Aussage für Sie tröstlich oder lästig? Warum?
   B. Was bedeutet Ihnen die Wirklichkeit von Gottes ständiger Gegenwart bei Ihrer täglichen Arbeit?

2. Gott möchte, dass unsere Beziehung zu ihm so vertraut ist wie die Beziehung, die er zu seinem Sohn hat.
   A. Mögen Sie vertraute Beziehungen oder stehen Sie lieber etwas abseits, damit Ihnen niemand »zu nahe« kommt? Erklären Sie das näher.
   B. Wie versuchen Sie, Bereiche Ihres Lebens vor anderen zu verbergen? Was möchten Sie vor Gott verbergen?

3. Gott ist nie fern von uns.
   A. Haben Sie sich schon am Sonntagmorgen besonders nahe bei Gott gefühlt, aber am Dienstagnachmittag meilenweit von ihm entfernt? Wenn ja, beschreiben Sie diese Erfahrungen. Warum geschieht das Ihrer Meinung nach?
   B. Gott ist uns unter allen Umständen treu, und er ist uns ein Vorbild. Wie steht es mit Ihrer Treue – Ihrem Ehepart-

ner, Ihren Kindern, Ihrer Kirche usw. gegenüber? Wissen diese ganz fest, dass Sie sie nie verlassen und immer für sie da sein werden? Wie haben Sie ihnen Ihre Treue mitgeteilt?

4. In der »Ehe« des Christen mit Jesus hört die Kommunikation nie auf.
   A. Was sagen Sie zuerst, wenn Sie mit Gott sprechen? Kommt Lobpreis und Anbetung normalerweise vor der endlosen Aufzählung von Bitten? Wenn nicht, warum nicht?
   B. Wie lange würde eine Freundschaft dauern, wenn die einzige Kommunikation zwischen zwei Menschen das Vorbringen von Bitten wäre? Würden Sie sich nach etwas anderem, etwas Tieferem, sehnen? Erklären Sie das näher.
   C. Sprechen Sie zuerst mit Gott, wenn etwas Großes auf Sie zukommt? Ist er der Letzte, an den Sie sich wenden, wenn Sie ein Problem haben? Erklären Sie das näher.

5. Betrachten Sie jeden Augenblick Ihres Lebens als mögliche Zeit der Gemeinschaft mit Gott.
   A. Kennen Sie jemanden außer Gott, der immer, die ganze Zeit über, wirklich etwas von Ihnen hören möchte?
   B. Wie wird Ihr Selbstwertgefühl von dem Wissen beeinflusst, dass Gott Sie nie verlässt? Hat das eine Auswirkung auf Ihre Anbetung?

Die Gesinnung Jesu erforschen

1. Im zweiten Korintherbrief 6,1 werden Gläubige als Gottes »Mitarbeiter« bezeichnet.
   A. Würde sich an Ihrer täglichen Einstellung zur Arbeit etwas ändern, wenn Sie wirklich glauben würden, dass Sie direkt neben dem einzig wahren Gott arbeiten? Würden Sie fleißiger arbeiten? Würden Sie in allem Ihr Bestes geben, wenn Gott am Arbeitsplatz neben Ihnen wäre? Erklären Sie es näher.

B. Wäre das Leben leichter in dem Wissen, dass der Allmächtige es mit Ihnen durchsteht? Wenn ja, wie?

2. Lesen Sie Johannes 5,16-30.
    A. Jesus sagte, dass der Sohn »nichts von sich aus« tut; der Sohn tut, was der Vater tut. Können Sie das von sich sagen? Warum? Weshalb wollen Sie manchmal Gott hinter sich lassen? Welche Bereiche Ihres Lebens versuchen Sie ohne Gottes Hilfe hinzukriegen?
    B. Jesus versuchte auch nicht, zu tun und zu lassen, was er wollte, sondern seinen Vater zufriedenzustellen (V. 30). Wen wollen Sie vor allem zufriedenstellen? Ihren Ehepartner? Ihre Eltern? Die Nachbarn?

3. Das Bild vom Weinstock und von den Reben in Johannes 15,1-8 beschreibt die Beziehung, die Gott mit seinen Jüngern haben möchte. Er will völlig mit uns verbunden sein.
    A. Vergleichen Sie Ihren Wunsch nach einer engen Beziehung zu Gott mit dem von Frank Laubach, der sich schon verloren vorkam, wenn er nur eine halbe Stunde lang nicht an ihn dachte.
    B. Schreiben Sie einige konkrete Punkte auf, in denen Ihr Leben sich ändern würde, wenn Sie so mit Gott verbunden wären.
    C. Jesus spricht vom Beschneiden der fruchttragenden Reben, damit sie noch mehr Frucht bringen. Beschreiben Sie eine Zeit, in der Sie das Winzermesser spürten. Welche Art Frucht entstand danach? Wünschen Sie sich noch größere und bessere Frucht, auch wenn Sie immer und immer wieder das Winzermesser spüren müssen? Erklären Sie das näher.

Die Hände Jesu werden

1. Bitten Sie den Herrn um zwei besondere Verse: einen, über den Sie nachdenken, wenn Sie aufwachen, und einen für den

Abend, wenn Sie schlafen gehen. Tun Sie es treu, mindestens eine ganze Woche lang. Beginnen Sie, mit Hilfe solcher Merkverse Ihren ganzen Tag voll und ganz auf ein Leben auszurichten, in dessen Mitte Gott steht.

2. Gott weiß schon, was Sie denken, wollen und tun. Doch er will es von Ihnen hören. Beginnen Sie deshalb, mit ihm zu sprechen, als säße er morgens neben Ihnen im Auto, als stände er mit Ihnen in der Schlange vor dem Bankschalter oder als säße er am Schreibtisch neben Ihnen. Er ist nicht an blumigen Formulierungen oder fromm klingenden Worten interessiert – er will nur Sie.

Kapitel 6
Ein anderes Gesicht und ein Paar Flügel
Ein anbetendes Herz

Das Herz Jesu finden

1. Beschreiben Sie, wie Sie einmal eine berühmte Person trafen oder an einem sehr wichtigen Ereignis teilnahmen. Haben Sie sich ein neues Kleid oder einen neuen Anzug gekauft? Dachten Sie Tage zuvor schon darüber nach? Wie wichtig war die berühmte Person oder das Ereignis im Vergleich zu einem Treffen mit Jesus?
2. Wie würden Sie Anbetung erklären? Was gehört dazu?
   A. Warum beten Sie an?
   B. Ist Anbetung für Sie heute wichtiger oder weniger wichtig als an dem Tag, an dem Sie den Herrn kennenlernten?
3. Jesus bereitete sich für die Anbetung vor, wir dagegen sind oft recht salopp, wenn es darum geht, Gott zu begegnen.
   A. Denken Sie an einen typischen Sonntagmorgen, bevor Sie zum Gottesdienst gehen. Seien Sie ehrlich mit sich. Werden

gereizte Worte gewechselt? Hetzen Sie sich ab? Beschreiben Sie den Tag.
- B. Was können Sie tun, um die Situation zu verbessern, vielleicht am Vorabend schon Vorbereitungen treffen? Was hindert Sie an der Umsetzung dieser Veränderungen?

4. Gott verändert unser Gesicht durch Anbetung.
   - A. Wie können Sie bewusster die Worte in sich aufnehmen, die Sie singen, beten oder hören?
   - B. Wie ist Ihr Gesichtsausdruck, wenn Sie nach dem Gottesdienst wieder Ihre Arbeitswoche beginnen?
   - C. Würde jemand, der Sie am Dienstag anschaut, wissen, dass Sie am Sonntag mit dem Herrn zusammen waren? Wie?

5. Gott ändert diejenigen, die uns beobachten, während wir anbeten.
   - A. Was an Ihrer Anbetung kann in Menschen, die Jesus nicht kennen, Interesse wecken?
   - B. Wie oft während eines Gottesdienstes beten Sie für Menschen, die nicht gerettet sind und die vielleicht neben Ihnen sitzen?

Die Gesinnung Jesu erforschen

1. Lesen Sie Matthäus 17,1-9.
   - A. Glauben Sie, die Jünger hatten den Zweck Ihrer Wanderung auf den Berg zur Anbetung verstanden?
   - B. Welche Auswirkungen hatte dieses Erlebnis Ihrer Meinung nach auf sie? (Lesen Sie 1. Petrus 1,16-18.)
   - C. Warum, denken Sie, hat Jesus ihnen gesagt, niemandem davon zu erzählen?

2. Lesen Sie Psalm 34 leise für sich, dann laut.
   A. Wie »groß« erscheint Ihnen Gott in diesem Psalm? Mit welchen Worten würden Sie Gott und seine Herrlichkeit beschreiben?
   B. Lesen Sie den Psalm noch einmal und zählen Sie, wie viele Gründe es gibt, Gott zu loben.
   C. Betrachten Sie Ihr Gesicht in einem Spiegel. Sehen Sie Gottes Spiegelbild? Erklären Sie es näher.

Die Hände Jesu werden

1. Wenn Sie am Sonntagmorgen vor dem Kirchgang Probleme zu Hause haben, dann setzen Sie sich mit Ihrer Familie zusammen, um darüber zu sprechen. Überlegen Sie sich, ob jemand anderes davon betroffen ist. Beschließen Sie, am Abend vorher konkrete, praktische Vorbereitungen zu treffen (den verlorenen Schuh suchen, die Kleider zurechtlegen usw.). Nehmen Sie sich die Zeit zu einer Begegnung mit dem Herrn zu Hause, bevor Sie ihn in der Kirche treffen. Und denken Sie daran: Er ist auch im Auto auf dem Weg zur Kirche erreichbar!

2. Wenn Sie nächsten Sonntag zur Kirche gehen, warten Sie nicht darauf, dass Unbekannte oder Gäste sich vorstellen. Gehen Sie mit Gottes Lächeln auf dem Gesicht auf sie zu.

Kapitel 7
Golfspiele und Selleriestengel
Ein Herz, das auf ein Ziel ausgerichtet ist

Das Herz Jesu finden

1. Zu den unglaublichen Fähigkeiten Jesu gehört, dass er aufs Ziel ausgerichtet blieb.
   A. Inwieweit bleibt Ihr Leben auf Kurs? Erklären Sie es näher.
   B. Was wollen Sie in Ihrem Leben erreichen? Nennen Sie einige konkrete Ziele, die Sie haben.

2. Wir verzetteln uns oft.
   A. Inwieweit beschreibt diese Aussage Ihr Leben?
   B. Worin liegen Ihre Prioritäten?
   C. Werden Sie schnell von kleinen Dingen abgelenkt und vergessen die großen? Erklären Sie es näher.

3. Gott möchte, dass unser Herz aufs Ziel ausgerichtet ist, zielgerichtet bleibt, um in Gottes Plan zu passen.
   A. Was ist Gottes Plan für uns?
   B. Vergleichen Sie Ihre Pläne mit denen Gottes. Erklären Sie das näher.

4. Wenn wir uns Gottes Plänen unterwerfen, können wir unseren Wünschen trauen.
   A. Denken Sie, dass es gut für Sie wäre, wenn alle Ihre Wünsche erfüllt würden? Erklären Sie es näher.
   B. Wie können Sie sich Gottes Willen in allen Dingen fügen, auch wenn er nicht immer Ihren Wünschen entspricht?

5. Paulus gibt uns den guten Rat, unsere Fähigkeiten vernünftig einzuschätzen.
   A. Wahrscheinlich sind Sie sich Ihrer Schwächen bewusst, aber wo liegen Ihre Stärken?
   B. Wie setzen Sie diese Stärken ein, um Gott zu dienen und zu ehren? Haben Sie Gott schon dafür gedankt?

Die Gesinnung Jesu erforschen

1. Lesen Sie Markus 10,42-45.
   A. Welche Art Herrscher beschrieb Jesus in Vers 42?
   B. Wie sollte sich das Verhalten derjenigen, die groß sein wollen, von den Taten anderer Menschen unterscheiden?
   C. Was wäre Ihrer Meinung nach anders geworden, wenn Jesus beschlossen hätte, »sich bedienen zu lassen« anstatt zu dienen?

2. Vergleichen Sie Markus 10,45 mit Lukas 19,10.
   A. Machen beide Verse dieselbe Aussage? Warum oder warum nicht?
   B. Würden Sie einen oder beide für Christi »missionarische Erklärung« halten? Erklären Sie es näher.

3. Römer 8,28 wurde schon oft zitiert und auch falsch zitiert.
   A. Inwieweit gilt dieser Vers, wenn uns sogenannte »böse Dinge« passieren?
   B. Denken Sie, dass Gott die »bösen Dinge« »plant« oder dass er sie nur zulässt? Ist es das Gleiche?
   C. Lesen Sie von Vers 28 weiter bis zum Ende des Kapitels. Beschreiben Sie, wie diese Verse mit den »bösen Dingen« in Ihrem Leben zusammenhängen.

4. Gott möchte, dass wir an seinem Plan mitwirken. (Lesen Sie 2. Kor 5,17-21.)
   A. Was tun Sie, um als Christi Vertreter oder Botschafter zu wirken?
   B. Welche Werkzeuge helfen Ihnen bei der Vorbereitung für diese Arbeit? Wie setzen Sie diese ein?

5. Befassen Sie sich eine Zeit lang mit Psalm 37.
   A. Wie sehr quälen Sie sich mit der Frage der »Gottlosen« ab? Befürchten Sie manchmal, dass sie ungestraft davonkommen? Erklären Sie es näher.
   B. Was sagt Gott, dass mit ihnen geschehen wird?
   C. Was soll man tun, anstatt sich über Vergeltung Gedanken zu machen?
   D. Was geschieht mit Ihren Wünschen, wenn Gott und Ihr Herz übereinstimmen?

Die Hände Jesu werden

1. Sowohl Psalm 139,14 als auch Epheser 2,10 heben hervor, wie wunderbar Gott Sie geschaffen hat. Glauben Sie diesen Versen? Nehmen Sie sich etwas Zeit und schreiben Sie konkrete Punkte auf, die diese Aussagen in Ihrem Fall bestätigen. Stellen Sie diese Gaben dem Herrn zur Verfügung und beschließen Sie, sie ab heute für ihn einzusetzen.

2. Wurden Sie als Kind manchmal gefragt: »Was möchtest du einmal werden, wenn du groß bist?« Inwieweit unterscheidet sich Ihr heutiges Leben von der Antwort, die Sie damals gaben? Inzwischen sind Sie im Herrn gewachsen, und ich frage Sie, was Sie für ihn sein oder tun wollen. Verbringen Sie einige Zeit im Gebet und schreiben Sie dann Ihren persönlichen Lebensauftrag auf, mit dem Sie Gott dienen und ehren können.

Kapitel 8
Nichts als die Wahrheit
Ein ehrliches Herz

Das Herz Jesu finden

1. Christen sind Zeugen.
   A. Worin besteht der Unterschied zwischen einem Zeugen im Gericht und einem Zeugen für Christus?
   B. Wir wissen, dass im Gericht Meineid mit Strafe bedroht wird. Gibt es auch für den Christen eine solche Strafe? Erklären Sie es näher.

2. Jesus hat nicht gelogen, nicht betrogen, und er hat es mit der Wahrheit immer genau genommen.
   A. Inwieweit entsprechen Sie Gottes Maßstab auf diesem Gebiet?
   B. Glauben Sie, dass es einen Unterschied zwischen »gewöhnlichen« Lügen und »Notlügen« gibt? Erklären Sie es näher.
   C. Was tun Sie, wenn Ihnen bewusst wird, dass Sie unehrlich waren? Hängt es davon ab, wie groß die Lüge war? Erklären Sie es näher.

3. Gott ist über Lügen genauso erzürnt wie über Dinge wie Ehebruch oder schwere Körperverletzung.
   A. Stimmen Sie dieser Auffassung zu? Erklären Sie es näher.
   B. Was können Sie unternehmen, um Gottes Ehrenkodex zu erfüllen? Was tun Sie, wenn Sie es nicht schaffen?

4. Gott sagt immer die Wahrheit. In der Bibel steht, »er kann nicht lügen«.
   A. Unter welchen Gegebenheiten sind Sie am meisten versucht zu lügen?

B. Halten andere Sie für einen ehrlichen Menschen? Weicht Ihre eigene Einschätzung diesbezüglich von der anderer Menschen ab?

C. Was halten Sie von Lügen oder einem leichten Abweichen von der Wahrheit, um die Gefühle anderer zu schonen?

5. Es gibt Zeiten, in denen es schwerfällt, die Wahrheit zu sagen.
   A. Zählen Sie Situationen auf, in denen uns eine Lüge angenehmer ist als die Wahrheit.
   B. Wie ist es möglich zu lügen, ohne Worte zu gebrauchen?
   C. Wir wissen, dass eine Lüge Folgen nach sich zieht. Wurden Sie schon einmal bei einer Lüge ertappt? Was geschah? Wie fühlten Sie sich? Was lernten Sie aus den Folgen?

Die Gesinnung Jesu erforschen

1. Lesen Sie Epheser 4,17-32. Paulus ermahnt seine Leser, alte Lebensgewohnheiten abzulegen und ihr Denken vom Geist Gottes erneuern zu lassen.
   A. Christen sind ja Glieder *eines* Leibes. Ist es deshalb schlimmer, einem Mitgläubigen gegenüber unehrlich zu sein als einem Nichtgläubigen gegenüber? Erklären Sie das näher.
   B. Wie kann man sich selbst gegenüber unehrlich sein?
   C. Sind Sie damit einverstanden, dass Lüge genauso eingestuft wird wie Zorn, Diebstahl, schmutzige Reden usw.? Gibt es in Ihrem Kopf eine »Rangordnung« von Sünden, in der einige für schlimmer als andere gehalten werden? Erklären Sie es näher.

2. Befassen Sie sich eine Zeit lang mit Psalm 101.
   A. Wie verhalten Sie sich, wenn jemand »seinen Nächsten heimlich verleumdet«?
   B. Welchen Umgang haben Sie? Dulden Sie Lügner?

3. Titus 1,2 und 2. Timotheus 2,13 erinnern uns daran, dass wir Gott immer Glauben schenken können.
   A. Wie sollte sich diese Wahrheit auf unseren Alltag auswirken? Wirkt sie sich überhaupt auf unseren Alltag aus? Erklären Sie das näher.
   B. Welche Verheißungen Gottes sind Ihnen am wertvollsten? Warum?
   C. Kann man sich auf Sie verlassen, wenn Sie etwas versprechen? Erklären Sie das näher.

4. Denken Sie über die Geschichte von Hananias und Saphira aus Apostelgeschichte 5 nach.
   A. Warum hat Ihrer Meinung nach das Ehepaar bezüglich des Erlöses des Ackers gelogen? Warum haben sie Petrus nicht gesagt, dass sie nur einen Teil des Verkaufspreises hergeben wollten?
   B. Denken Sie, Hananias und Saphira dachten, dass es herauskommen könnte? Warum oder warum nicht?
   C. Was an dieser Lüge hat Petrus so aufgebracht?
   D. Wie stehen Sie zu der harten Strafe, die Gott geschickt hat? Welche Auswirkungen hätte es auf ihr Zeugnis für Christus in der Gemeinde gehabt, wenn sie nicht so gerichtet worden wären? Welche Auswirkungen hatte ihr Tod auf das Zeugnis der Kirche?

Die Hände Jesu werden

1. Schlagen Sie in einer Konkordanz die Worte *Lüge, lügen, lügenhaft, Lügner* nach. Schlagen Sie dann Worte wie *Wahrheit, ehrlich* oder *aufrichtig* nach. Gibt es Ihrer Meinung nach einen Zusammenhang zwischen der Häufigkeit dieser Wörter und der Bedeutung, die Gott diesen Fragen zumisst?

2. Suchen Sie sich aus den Versen, die Sie auf diese Weise gefunden haben, einen Vers aus, den Sie persönlich für besonders

wichtig halten. Schreiben Sie ihn auf das Deckblatt Ihrer Bibel. Wiederholen Sie ihn jeden Tag. Bitten Sie Gott, Ihnen zu helfen, auf dem Gebiet der Ehrlichkeit ihm ähnlicher zu werden.

Kapitel 9
Das Treibhaus der Gedanken
Ein reines Herz

Das Herz Jesu finden

1. Wie können Sie Ihr Herz wie ein »Treibhaus bewirtschaften«? Wie wird dieser bildhafte Ausdruck persönlich?
   A. Welche »Samen« lassen Sie wachsen?
   B. Welches Unkraut entdecken Sie? Wie können Sie verhindern, dass es üppig gedeiht? Wie kommt es, dass das Unkraut manchmal die Blumen verdrängt?
   C. Sind Sie Ihrer Meinung nach normalerweise eher lebensbejahend oder schwarzseherisch? Erklären Sie das näher. Wie wirkt sich Ihre Lebensbejahung oder Ihre Schwarzseherei auf die Menschen in Ihrer Umgebung aus?

2. Der Eingang zu Ihrem Herzen muss bewacht werden.
   A. Wohin wandern Ihre Gedanken normalerweise, wenn Sie ihnen freien Lauf lassen?
   B. Wie kann man sofort »unrechte Gedanken« erkennen? Wie könnte das leichter werden?

3. Wir müssen unsere Gedanken der Herrschaft von Jesus unterstellen.
   A. Bei wie vielen Ihrer Gedanken würde Jesus »den Rotstift ansetzen«, wenn sie auf Papier geschrieben und ihm vorge-

legt würden, bevor Sie sie denken? Wären Sie erstaunt oder hätten Sie die Ergebnisse schon vorher gekannt?
B. Kämen Sie in Verlegenheit, wenn Ihre Gedanken den Menschen Ihrer Umgebung durch Funk übermittelt würden? Wären sie enttäuscht? Traurig? Verletzt? Erstaunt?

4. Die Bibel ist die Kontrollstelle für zweifelhafte Gedanken.
   A. Welche Begründung für Minderwertigkeitskomplexe, Hochmut, Selbstgefälligkeit oder unreine sexuelle Begierden können Sie beim Bibelstudium entdecken?
   B. Manche Leute denken, die Bibel sei ein Buch voller Verbote mit dem Ziel, die Eigenständigkeit des Menschen zu zerschlagen. Was geschieht mit uns, wenn wir unserem »eigenen freien Willen« anstatt dem Wort Gottes folgen?

Die Gesinnung Jesu erforschen

1. In 1. Petrus 5,8 wird der Teufel mit einem »brüllenden Löwen« verglichen.
   A. Unter welchen Umständen haben Sie am ehesten den Eindruck, in Ihrem Gedankenleben »verschlungen« zu werden?
   B. Wie können Sie sich gegen den Teufel wappnen? Wie können Sie Ihre Selbstkontrolle und Wachsamkeit verstärken?

2. Lesen Sie Galater 6,7-10.
   A. Gott ist sich bewusst, dass wir in unserem Kampf mit der Sünde müde werden (V. 9). Was tun Sie, wenn Sie versucht sind, vor einer geistigen Müdigkeit zu kapitulieren, Sie aber erkannt haben, wie notwendig es ist, sein Gedankenleben unter Kontrolle zu halten (den richtigen Samen auszustreuen)?
   B. Welche Vorteile erwachsen aus einem auf Gott ausgerichteten Gedankenleben?

3. In Sprüche 4,20-23 (Elb) werden wir ermahnt, genau auf das zu achten, was Gott sagt.
   A. Wir sollen seine Worte nicht nur im Auge, sondern auch im Herzen behalten. Worin besteht der Unterschied zwischen beidem?
   B. Das Herz wird mit einer Quelle des Lebens verglichen. Schlagen Sie das Wort »Quelle« in einem Wörterbuch nach. Warum wird Ihrer Meinung nach in Vers 23 dieses Wort gebraucht?
   C. Sicher haben Sie schon den Ausdruck gehört: »Man ist, was man isst.« Glauben Sie, dass man auch ist, was man denkt? Geben Sie einige Beispiele.

4. In 2. Korinther 10,3-5 erinnert uns Paulus daran, dass wir zwar in der Welt leben, aber nicht so handeln sollen, als seien wir Teil der Welt (V. 3). Er erkennt an, dass das Leben ein Kampf ist, und ruft uns ins Gedächtnis, dass die »mächtigen Waffen Gottes« zu unserer Verfügung stehen, damit wir mit deren Hilfe den Kampf gewinnen.
   A. In Vers 5 werden wir aufgefordert, unsere Gedanken »gefangen zu nehmen« und dem Befehl Christi zu unterstellen. Wie können wir das tun? Was sollen wir mit diesen Gedanken tun, wenn wir sie gefangen genommen haben?
   B. Wie kann man zu seinen unrechten, unreinen, ungöttlichen Gedanken Nein sagen und ihnen den erneuten Zugang verwehren? Inwiefern kann das ein Kampf sein?

Die Hände Jesu werden

1. Denken Sie einen Augenblick über ein Stück fruchtbares Land nach. Erfordert das Säen oder das Unkrautjäten mehr Arbeitsaufwand? Was geschieht mit der Ernte, wenn Letzteres vernachlässigt wird? Wo gibt es einen Markt für den Verkauf von Unkraut? Würde jemand absichtlich Unkrautsamen ausstreuen? Übertragen Sie diese Fragen sinngemäß auf Ihr

Gedankenleben. Beschließen Sie heute, Rosen zu pflanzen, und halten Sie mit Gottes Hilfe die Disteln fern.

2. Pflanzen Sie wirklich ein Samenkorn. Nehmen Sie die passende Erde. Gießen Sie es. Sorgen Sie dafür, dass es die richtige Menge Wasser und Sonnenschein bekommt. Stellen Sie es dahin, wo Sie es sehen können. Hegen und pflegen Sie es. Beobachten Sie, wie es wächst. Betrachten Sie es als äußeren Ausdruck für das, was Sie innerlich mit dem Garten Ihres Herzens tun.

Kapitel 10
Gold im Müll finden
Ein hoffnungsvolles Herz

Das Herz Jesu finden

1. Welche Einstellung haben Sie zu dem »Müll«, der Ihnen begegnet?
    A. Sind Sie der Meinung, dass Sie mehr oder weniger Schwierigkeiten und Kummer als der Durchschnittsmensch zu ertragen haben? Erklären Sie das näher.
    B. Was ist das nächste »Unglück«, das Sie befürchten und von dem Sie annehmen, dass es Sie vielleicht demnächst trifft?
    C. Warum klammern wir uns Ihrer Meinung nach an Schmerzen und Verletzungen fest, anstatt nach dem Guten in unseren Schwierigkeiten zu suchen?

2. Die Art und Weise, wie wir das Leben betrachten, bestimmt, wie wir unser Leben führen.
    A. In einem Sprichwort heißt es: »Wenn das Leben dir Zitronen gibt, mach Limonade daraus.« Mussten Sie aus Ihren Lebensumständen schon »Limonade« machen?

B. Beschreiben Sie jemanden aus Ihrem Bekanntenkreis, der das gut kann. Wie fühlen Sie sich, wenn Sie mit diesem Menschen zusammen sind? Was können Sie von ihm oder ihr lernen?

3. Wir müssen unsere Schwierigkeiten so sehen, wie Jesus sie sieht.
    A. Prüfen Sie Ihre Gefühle gegenüber unerhörten Gebeten, vergeblichen Träumen und unglaublichen Treubrüchen. Sind sie noch frisch oder halten Sie an den entstandenen Schmerzen schon länger fest? Erklären Sie das näher.
    B. Wie können Sie diese Dinge so sehen, wie Jesus sie sieht?

4. Jesus fand im Bösen das Gute, im Leiden das Ziel.
    A. Glauben Sie, dass das in jeder Lage realistisch möglich ist? Erklären Sie das näher. Was würden Sie jemandem erwidern, der der Auffassung ist, dies sei eine naiv optimistische Lebenshaltung?
    B. Beschreiben Sie eine Zeit, in der Sie im Bösen Gutes und im Leiden ein Ziel fanden. Hatten Sie diese Haltung, als Sie mitten in den Schwierigkeiten steckten, oder kamen diese Erkenntnisse erst später? Erklären Sie es näher.

5. Jesus kann Ihre Lebensanschauung verändern.
    A. Inwieweit unterschätzen wir oft die Macht Gottes?
    B. Wie würde sich Ihr Leben ändern, wenn Sie unbeirrt glauben würden, dass Gott heute noch dieselbe Macht hat wie zur Zeit Elisas?

Die Gesinnung Jesu erforschen

1. In Römer 12,9-16 lesen wir, dass Schwierigkeiten und Trübsal zum Leben eines jeden Menschen gehören; es gibt dafür keine Ausnahme.
    A. Wie sollen wir auf Böses reagieren? Wie sollen wir uns in Trübsal und Bedrängnis verhalten? Wie ist das möglich?

B. Warum lässt Gott es zu, dass wir diese Schwierigkeiten durchmachen müssen? Was ist Ihrer Meinung nach der Gewinn, den wir daraus ziehen?

C. Hoffen Sie, eines Tages herauszufinden, welches Ziel Gott mit Ihrem Leiden verfolgte? Was wäre, wenn Sie es nie herausfinden?

2. Vergleichen Sie Ihr inneres Sehvermögen mit dem, was in Matthäus 6,22-23 beschrieben ist.

    A. Beschreiben Sie jemanden aus Ihrem Bekanntenkreis, der lieber im Dunkeln als im Licht lebt. Sind Sie gerne mit diesem Menschen zusammen? Erklären Sie es näher.

    B. Was ist Gottes Meinung dazu?

3. Lesen Sie in Matthäus 26,47-56 nach, wie Jesus verraten wurde.

    A. Sogar als Judas ihn verraten hatte, nannte Jesus ihn »Freund«. Haben Sie sich schon einmal von einem »Freund« verraten gefühlt? Wenn ja, ist diese Person immer noch Ihr Freund? Erklären Sie es näher.

    B. In einer Anwandlung gerechten Zorns schlug einer von den Begleitern von Jesus dem Diener des Hohen Priesters ein Ohr ab. Lukas berichtet, dass Jesus darauf mit einer heilenden Berührung reagierte. Wie können wir in dieser Weise reagieren, wenn wir verletzt wurden? Was hält uns davon ab, so zu reagieren?

4. In Matthäus 26,53 erinnert Jesus den Pöbel, der ihn abholen wollte, daran, dass er sofort aus ihrer Gewalt gerettet werden kann, wenn er es wünschte.

    A. Inwiefern können Ihre eigenen schwierigen Situationen leichter zu bewältigen sein, wenn Sie wissen, dass Gott Sie herausholen kann, wenn er will? Können die Probleme aufgrund dieses Wissens schwieriger werden? Erklären Sie es näher.

B. Wie reagieren Sie, wenn Gott beschließt, Ihre Situation nicht zu ändern? Glauben Sie dann immer noch, dass Gott in Ihren Schwierigkeiten bei Ihnen ist? Erklären Sie es näher.

Die Hände Jesu werden

1. Borgen Sie sich eine Brille von einer Person mit einem akuten Sehproblem. Setzen Sie die Brille auf. Schauen Sie einen Baum, eine Blume, das Gesicht des Menschen neben Ihnen an. Betrachten Sie dann dieselben Dinge mit Ihrem normalen Augenlicht (mit oder ohne Brille). Worin liegt der Unterschied? Waren die Dinge das erste Mal verzerrt? Waren sie verschwommen? Es ist viel leichter, alle Einzelheiten zu sehen, wenn man etwas so betrachtet, wie es sich gehört, nicht wahr? Wenn etwas durch die vollkommenen Augen Gottes, der alles sieht, betrachtet wird, ist alles sinnvoll, was mit uns geschieht!

2. Denken Sie über Ihre Freunde nach, vor allem über eine Freundschaft, die kaputtging. Hat diese Person Sie in irgendeiner Weise so verletzt oder betrogen, dass es immer noch wehtut, wenn Sie daran denken? Bitten Sie den Herrn, Ihr Herz zu erweichen, dass Sie diesem Menschen vergeben können. Geben Sie Ihren Groll Gott hin und bitten Sie ihn, Ihre Verletzungen zu heilen. Beten Sie unbedingt regelmäßig und namentlich für Ihren Freund und suchen Sie nach Wegen, den Prozess der Neubelebung der Freundschaft in Gang zu bringen.

Kapitel 11
Wenn der Himmel feiert
Ein freudiges Herz

Das Herz Jesu finden

1. Jesus weiß von dem »Fest«!
   A. Um welches Fest handelt es sich? Sind Sie sicher, dass Sie teilnehmen werden? Wieso wissen Sie das?
   B. Was hat Gott getan, um sicherzugehen, dass Sie das Fest nicht verpassen? Welche Situationen hat er benutzt? Welche Menschen waren daran beteiligt?

2. Jesus freut sich am meisten, wenn die Verlorenen gefunden werden.
   A. Beschreiben Sie, wie es war, als Sie einmal als Kind von Ihrer Mutter oder Ihrem Vater getrennt wurden, als Sie etwa in einem Geschäft »verloren gingen«. Wie war Ihnen zumute, als Sie entdeckten, dass Sie alleine waren? Panik? Angst?
   B. Was dachten Ihrer Meinung nach Ihre Eltern, während sie sich auf die Suche nach Ihnen machten? Kam Freude auf, als Sie wiedergefunden wurden? Wenn ja, beschreiben Sie es näher.
   C. Vergleichen Sie diesen Vorfall mit der Freude, die Gott empfinden muss, wenn ein Sünder Buße tut und zu Christus nach Hause kommt.

3. Wenn Sie auf dem »Fest« sind, werden Sie wie Jesus sein. Alle anderen auch.
   A. Welche Seiten von Jesu Charakter wünschen Sie sich am meisten für sich selbst?
   B. Welche Seiten seines Charakters werden Sie an anderen am meisten schätzen?

C. Wie können Sie diese Menschen jetzt schon lieben, wo wir uns alle noch in der Vorbereitungsphase befinden?

4. Jesus freut sich, dass wir vor der Hölle gerettet sind.
   A. Beschreiben Sie, was Sie von der Hölle wissen. Glauben Sie, dass die Hölle ein wirklicher Ort ist? Warum oder warum nicht? Lesen Sie einige Bibelstellen, die davon sprechen.
   B. Wie freuen Sie sich darüber, dass Sie auf dem Weg zum Himmel sind? Danken Sie Jesus manchmal, dass Ihnen die Hölle erspart bleibt? Erklären Sie das näher.

5. Sie können Gottes ewigen Blick für die Welt bekommen.
   A. Welche Dinge, die Ihrem Herzen teuer sind, werden unbedeutend, wenn Sie Gottes Blick für die Welt bekommen?
   B. Inwieweit würden Sie Ihre Zeit anders verbringen, wenn dieser Gesichtspunkt Ihr Denken mehr bestimmen würde?
   C. Wie nehmen Sie die Menschen wahr, wenn Sie diesen Blick haben?

Die Gesinnung Jesu erforschen

1. Die Psalmen sind herrliche Lobgebete. Lesen Sie Psalm 96 und achten Sie insbesondere auf die Verse 1 und 2.
   A. Was bedeutet es, dass »alle Welt« singen soll? Warum Lieder?
   B. Wie und wie oft loben Sie Gott dafür, dass er Sie errettet hat? Wie reagieren Sie auf die Bekehrungsgeschichten anderer Menschen?

2. Lesen Sie die drei Gleichnisse Jesu in Lukas 15.
   A. Viel Zeit und Kraft wurde für die Suche nach dem verlorenen Schaf und der verlorenen Münze eingesetzt. Was sagt das über den Wert aus, den das Verlorene in den Augen des Eigentümers hatten?

B. Nachbarn und Freunde wurden gerufen, damit sie sich mit freuen, dass das Verlorene gefunden wurde. Warum?

C. Der ältere Sohn in der dritten Geschichte ärgerte sich über das Fest, das für seinen verlorenen Bruder gefeiert wurde. Er war der Meinung, dass sein Bruder so viel Aufmerksamkeit nicht wert war. Haben Sie schon einmal gedacht, jemand sei »zu schlecht«, um gerettet zu werden ... und dass er oder sie zu dem »Fest«, das im Himmel gefeiert wird, nicht zugelassen werden sollte? Erklären Sie es näher. Von der Gnade Gottes abgesehen, haben Sie es verdient, hinzugehen?

3. Lukas 15,10 spricht von dem Wert einer einzigen Person in den Augen Gottes.
    A. Wie sollte dieser Vers unser Gefühl der Wertlosigkeit beeinflussen?
    B. Wie sollte sich dieser Vers auf Ihren Wunsch auswirken, anderen von der Rettung zu erzählen, die in Christus zur Verfügung steht? Hat er bei Ihnen diese Wirkung? Erklären Sie es näher.

4. In Matthäus 22,13 wird die Hölle als Ort »der Finsternis« beschrieben, wo »Weinen und Zähneklappern« sein wird – ein Ort, aus dem es kein Entrinnen gibt.
    A. Warum sprechen die Leute so leichthin von diesem Ort, wenn das wahr ist?
    B. Denken Sie, es ist wichtig, Ungläubige auf die Schrecken der Hölle hinzuweisen? Erklären Sie es näher.

5. Der zweite Korintherbrief 5,11-16 spricht von einem drängenden Bedürfnis, anderen von Christi großem Geschenk der Errettung zu erzählen.
    A. Ist es Ihr Hauptziel im Leben, andere zu dem »Fest« zu bringen? Wie viele Menschen haben Sie bisher mit Jesus bekannt gemacht?
    B. Denken Sie an einen Menschen, den Sie kennen und der den Herrn braucht. Wie könnten Sie gebraucht werden,

damit dieser Mensch Christus kennenlernt? Bitten Sie Gott um ein neues Herz der Liebe für diesen Menschen? Wenn nicht, warum nicht?

Die Hände Jesu werden

1. Suchen Sie mit Hilfe einer Konkordanz oder eines anderen Hilfsmittels in der Bibel alle Wohltaten des Himmels heraus und erstellen Sie eine Liste davon. Und schreiben Sie all die Schrecken der Hölle auf ein anderes Blatt. Dann loben Sie Gott dafür, dass er Sie mit all den Dingen der ersten Liste gesegnet und Sie vor denen der zweiten Liste gerettet hat.

2. Blättern Sie durch die Seiten Ihres Lieblingsgesangbuchs. Suchen Sie die Lieder heraus, die mit dem Himmel zu tun haben. Singen Sie jetzt eines davon!

Kapitel 12
Stark bleiben bis zum Schluss
Ein Herz, das durchhält

Das Herz Jesu finden

1. Lernen Sie, die richtigen Dinge zu Ende zu führen.
   A. Wie viel Zeit verbringen Sie mit Unwichtigem?
   B. Wie entscheiden Sie, was unwichtig ist?

2. Gewaltsame Anstrengungen sind erforderlich, um den Lauf des Christen bis zum Schluss durchzuhalten.
   A. Waren zu Beginn Ihrer Beziehung mit Christus Ihre Erwartungen vom Leben eines Christen anders als die Wirklichkeit, die Sie dann erlebten? Wenn ja, erklären Sie es näher.

B. Glauben Sie, dass Christen manchmal ein »allzu rosiges« Bild vom Leben nach der Bekehrung malen? Beschreiben Sie einige Beispiele, die Ihnen einfallen.
C. Würden die Menschen sagen, dass Ihr Glaube heute stärker ist, als er gestern war? Warum oder warum nicht?
D. Was waren Ihre Hauptfreuden als Christ? Ihre Schwierigkeiten?

3. Da Jesus sich auf die Belohnung konzentrierte, die auf ihn wartete, erhielt er die Kraft, die Schande der ganzen Welt zu tragen.
A. Was bedeutet es, sich auf ein Ziel auszurichten? Sind Sie auf ein Ziel ausgerichtet?
B. Welche Dinge hindern uns am häufigsten daran, uns wirklich auf das Ziel zu konzentrieren? Wie kann man damit besser zurechtkommen? Was hält Sie davon ab, damit zurechtzukommen?

4. Jesus schaute über den Horizont hinaus und sah den Tisch. Er konzentrierte sich auf das Fest.
A. Was käme auf den Tisch, wenn Sie jetzt ein Fest feiern könnten? Welche Gäste würden geladen?
B. Wie stellen Sie sich das »himmlische Fest« vor?

Die Gesinnung Jesu erforschen

1. Befassen Sie sich ausführlich mit Epheser 1,15-23.
A. In Vers 18 betet Paulus, dass die Augen unseres Herzens (unsere Gesinnung) »erleuchtet« werden. Warum denken Sie, sagt er das? Welche Dinge liegen schon länger direkt vor Ihnen, ohne dass Sie sie bisher gesehen haben?
B. Beschreiben Sie ein Erbe, das entweder Sie oder ein naher Bekannter erhalten haben. Versuchen Sie, einige Aspekte der »Herrlichkeit« zu beschreiben, die das Erbe des Christen sein wird.

C. Wie viel von Gottes »überschwänglich großer Kraft« (V. 19) haben Sie schon erlebt? Beschreiben Sie Ihre Erfahrungen. Was werden wir außerdem noch erleben?

2. In Hebräer 12 wird der Lauf des Christen ausführlich beschrieben.
   A. Warum nennt Paulus das Leben eines Christen einen »Wettlauf« und nicht einen Spaziergang oder eine Erholungsfahrt oder etwas Ähnliches?
   B. Was hindert Sie daran, erfolgreich zu laufen? Kennen Sie jemanden, der aufgegeben hat? Wenn ja, wissen Sie warum?
   C. Wie können wir freudig das Ende im Blick behalten? Wie verlieren wir manchmal das Ziel aus den Augen?
   D. Warum nehmen Sie an dem Wettlauf teil? Wie können Sie das Verlangen aufzuhören, auszuruhen und es nicht so genau zu nehmen überwinden?

3. Die vierzig Tage lange Versuchung Jesu wird in Lukas 4,1-13 beschrieben.
   A. Während dieser Zeit der Versuchung aß Jesus nichts und wurde natürlich sehr hungrig. Fällt es Ihnen schwerer, geistlich ausgerichtet zu bleiben, wenn Sie körperlich unter Stress stehen? Erklären Sie das näher. Was tun Sie, um einen Ausgleich zu schaffen?
   B. Jesus antwortet jedes Mal, wenn der Teufel ihn bestürmt, mit einer passenden Bibelstelle. Wie kann sein Beispiel Ihnen in Ihren persönlichen Kämpfen helfen? Welche Strategien können Sie sich zu eigen machen?
   C. Der Teufel versuchte, den Blick Christi von seinem Vater wegzulenken, die Liebe und Fürsorge Gottes anzuzweifeln. Wie benutzt Satan die gleiche Taktik bei uns? Wie können wir darauf reagieren? Wie haben Sie in der Vergangenheit auf solche Angriffe reagiert? Was geschah?

4. Lesen Sie das Gleichnis von den anvertrauten Zentnern in Matthäus 25,14-30.
   A. Welche konkreten »Zentner« wurden Ihnen anvertraut? Zählen Sie sie auf.
   B. Glauben Sie, der Mann mit fünf Zentnern hatte mehr Verantwortung als der mit zwei oder mit einem? Warum oder warum nicht? Wenn Sie glauben, nur einen Zentner zu haben, wünschen Sie sich dann manchmal, Gott hätte Sie mit fünf beschenkt? Erklären Sie das näher. Wie gebrauchen Sie den einen Zentner, den Sie haben?
   C. Warum glauben Sie, hat der Diener mit einem Zentner seine Pflicht vernachlässigt, zumal er wusste, wie sein Herr war und was er bei seiner Rückkehr erwartete? Tun wir das auch? Erklären Sie das näher.
   D. Vergleichen Sie die Antworten, die der Herr den begabteren und dem weniger begabten Diener gab. Wo können Sie sich am besten einordnen? Warum?
   E. Wenn Sie in dieser Minute das Ende Ihres Laufs als Christ erreichen würden, könnten Sie dann erwarten, die Worte des Herrn aus Vers 23 zu hören?

Die Hände Jesu werden

1. Raffen Sie sich zu einem Dauerlauf auf, wenn Sie dazu körperlich in der Lage sind. Setzen Sie sich ein Ziel – sagen wir das Haus am Ende des Waldwegs – und beginnen Sie zu laufen. Wenn Sie außer Atem sind, japsen Sie weiter. Wenn Sie aufgeben wollen, halten Sie nicht an. Zwingen Sie sich zum Durchhalten. Belohnen Sie sich, wenn Sie nach Hause kommen – zum Beispiel mit einer ruhigen Stunde mit einem guten Buch. Ziehen Sie dann die Parallele zwischen Ihrer körperlichen Betätigung und dem Lauf, den wir eben besprochen haben. Was lernen Sie daraus?

2. Machen Sie eine Bestandsaufnahme aller Projekte, mit denen Sie beschäftigt sind – der Dinge, die den Großteil Ihrer Zeit beanspruchen. Wem oder wozu dienen sie? Was geschähe, wenn Sie diese Betätigung einstellen würden? Durchforsten Sie Ihre Verpflichtungen und sortieren Sie aus. Beschließen Sie, nur noch solche Dinge weiterzumachen, die Ihnen helfen, Ihr Ziel zu erreichen.

Anmerkungen

[1] Nach Max Lucado, *A Gentle Thunder* (Dallas: Word Publishing, 1995), 46.
[2] Tonband von David Jeremiah: *The God of the Impossible*, TPR02.
[3] Max Lucado, Ph.D. of Etymological Contortionism, Max's Manual of Medical Terms (Nonsense, Tex.: One Page Publishing, 1998), Band 1, Kapitel 1, Seite 1, Satz 1.
[4] Der Name wurde geändert.
[5] Mt 11,15; 13,9; 13,43; Mk 4,9; 4,23; 8,18; Lk 8,8; 14,35; Offb 2,7; 2,11; 2,17; 2,29; 3,6; 3,13; 3,22; 13,9.
[6] Mk 4,1-20.
[7] Offb 2,7; 2,11; 2,17; 2,29; 3,6; 3,13; 3,22.
[8] Bruder Lawrence und Frank Laubach, *Practicing His Presence*, (Goleta, CA: Christian Books, 1973.) Mit freundlicher Genehmigung von Dr. Robert S. Laubach und Gene Edwards.
[9] Ebenda.
[10] Ebenda.
[11] Ebenda.
[12] Zitiert nach Timothy Jones, *The Art of Prayer* (New York: Ballantine Books, 1997), 133.
[13] Ebenda, 140.
[14] Charles R. Swindoll, *The Finishing Tauch* (Dallas: Word Publishing, 1994), 292.
[15] Mt 7,7.
[16] Originaltitel: It Is Well With My Soul; Text: Horatio G. Spafford (1828–1888); Melodie & Chorsatz: Philip P. Bliss (1838–1876). Dt. Text: Theodor Kübler (1832–1905).
[17] John Maxwell, *Developing the Leader within You* (Nashville: Thomas Nelson, 1993), 29.
[18] James Hassett: »But That Would Be Wrong«, Psychology Today, November 1981, 34-41.
[19] Paul Lee Tan, *Encyclopedia of 7700 Illustrations* (Rockville, Md.: Assurance Publishers, 1979), 562-563.
[20] Jim Morrison, »Slightly Rotted Gold«, American Way Magazine, 1. April 1992, 32-35.
[21] William Barclay, *The Gospel of John*, Band 2 (Philadelphia: The Westminster Press, 1975), 222.
[22] Charles Spurgeons Predigt »The Sympathy of Two Worlds«,

zitiert nach John MacArthur, *The Glory of Heaven* (Wheaton, IL: Crossway Books, 1996), 246.

[23] Ebenda, 118.

[24] James Ryle, unveröffentlichtes Manuskript. Mit freundlicher Genehmigung.

[25] C. S. Lewis, The Weight of Glory (New York: Macmillan, 1949), 14-15.

Das Andachtsbuch von Max Lucado zu
»Wenn Gott dein Leben verändert«

Werden wie Jesus
Die 30-Tage-Reise

Gebunden, 10,5 x 16,5 cm, 224 S.
Nr. 394.099,
ISBN 978-3-7751-4099-7

Max Lucado lädt Sie dazu ein, 30 Tage lang Jesus ganz neu und unmittelbar zu begegnen und ihm dadurch ähnlicher zu werden. Eine Reise, die Ihr Leben verändern kann…

Max Lucado

Gott ganz vertrauen

Gebunden, 13,5 x 20,5 cm, 220 S.
Nr. 395.028,
ISBN 978-3-7751-5028-6

»Selbst wenn tausend Schritte zwischen Gott und uns liegen: Er wird alle bis auf einen einzigen gehen. Doch diesen letzten Schritt wird er uns überlassen.« Meisterhaft schreibt Max Lucado, wie Gott redet und wie wir darauf antworten können.

Bitte fragen Sie in Ihrer Buchhandlung nach diesen Büchern!
Oder schreiben Sie an: SCM Hänssler, D-71087 Holzgerlingen;
E-Mail: info@scm-haenssler.de

Max Lucado

Wenn Christus wiederkommt

Gebunden, 13,5 x 20,5 cm, 160 S.
Nr. 394.994,
ISBN 978-3-7751-4994-5

Jesus kommt wieder. Doch was heißt das? Leben ohne Ende? Ein grenzenloser Raum? Muss ich das alles verstehen? Max Lucado beschreibt anschaulich, was die Bibel zum zweiten Kommen von Jesus sagt und wird Ihre Vorfreude wecken.

Max Lucado

Das Haus Gottes
Ein Zuhause für Ihr Herz

Gebunden, 13,5 x 20,5 cm, 180 S.
Nr. 394.101,
ISBN 978-3-7751-4101-7

Das Haus Gottes, wie Max Lucado es vor Augen malt, wird durch das bekannteste Gebet der Welt beschrieben: das Vaterunser. Lucado stellt Gott als einen Hausvater vor, der uns nicht nur als Gäste empfangen, sondern uns zu Mitbewohnern machen möchte. Ein Buch, um zu Hause beim Vater anzukommen!

Bitte fragen Sie in Ihrer Buchhandlung nach diesen Büchern!
Oder schreiben Sie an: SCM Hänssler, D-71087 Holzgerlingen;
E-Mail: info@scm-haenssler.de